구석구석 우리나라 지리 여행

양승현 글 | 마이신 그림

아이앤북

머리말

지구본을 빙빙 돌릴 때 가장 먼저 찾는 나라는 어디인가요? 가장 넓어서 눈에 잘 띄는 나라? 언젠가 꼭 가 보고 싶은 나라? 아니면 좋아하는 외국 연예인이나 스포츠 스타가 사는 나라?

뭐니뭐니 해도, 동북아시아 끝에 있는 작은 나라를 나도 모르게 찾게 되지요. 그래요, 바로 우리나라 대한민국이에요.

그런데 여러분은 우리가 살고 있는 이 땅, 우리 국토에 대해 얼마나 알고 있나요?

우리가 태어나 살고 있는 우리 집, 또는 우리 가족에 대해 얼마나 알고 있냐는 질문을 받으면 때때로 말문이 막히곤 하지요. 늘 함께해서 익숙한 것과 잘 아는 것은 다를 수 있거든요. 우리 할아버지 할머니, 아빠 엄마, 그리고 나와 형제자매가 태어나 살고 있는 우리 땅도 마찬가지예요. 우리가 발을 딛고 사는 곳이지만, 우리 국토에 대해 알고 있는 것이 무엇이냐고 누군가 물어본다면 대답할 말을 찾느라 애먹을지도 몰라요.

이 책에는 그런 질문에 대한 답과 생각거리를 하나하나 담아 놓았어요.

국토에 대해 알려면 지역이 무엇인지에 대해서 먼저 알아야 해요. 그게 바로 지리학이지요. 지리란 자연 환경으로부터 출발하지만, 사람들이 만들어 낸 환경도 포함돼요. 즉 자연 지리와 인문 지리가 모두 중요하지요.

국토도 이와 마찬가지로 자연적인 것이기도 하지만 사회적인 것이기도 해요. 우리 국토의 위치나 면적 등 자연적인 조건은 거의 변하지 않아요. 하지만 우리 국토를 둘러싼 이웃 나라들과의 관계, 그 사이에서 하는 역할 등은 시대에 따라, 또는 우리의 결정이나 노력에 따라 달라지기도 하지요.

이 책을 통해 여러분이 우리 국토에 대해 잘 알 뿐 아니라 세계 속에서 우리의 위치와 앞으로 나아갈 바에 대해서까지 여러 각도에서 생각해 본다면 좋겠어요. 우리 국토를 소중히 여기고 지켜 나가야 할 우리가 세계 속의 한국에 대해서 잘 아는 것은 꼭 필요한 일이니까요.

지은이 양승현

차례

1장 우리 국토의 위치

1. 지리학이란?_9
2. 자연과 사람의 관계_11
3. 동질 지역과 기능 지역_12
4. 우리나라의 지리적, 수리적, 관계적 위치_14
5. 우리나라의 영토, 영해, 영공_19
6. 독도 이야기_23
[한 뼘 지식] 대동여지도_28

2장 우리나라 자연 지리 I – 기후와 생활

1. 기후란?_33
2. 여러 가지 바람_37
3. 우리나라 기후의 특징_42
4. 기후의 변화_50
5. 지표 식물과 기후 변화_51
[한 뼘 지식] 우리나라의 각 지역별 집_54

3장 우리나라 자연 지리 II – 지형

1. 한반도 형성과 지형 특징_59
2. 화산 지형_60
3. 카르스트 지형_62
4. 충적 평야_65
5. 침식 분지_69
6. 해안 지형_70
7. 해안 지형의 종류_72
[한 뼘 지식] 바닷가에 있는 소금밭, 염전_78

4장 우리나라 인문 지리 Ⅰ - 산업과 교통

1. 교통_83
2. 자원이란?_85
3. 우리나라의 산업 발달_88
4. 우리나라의 지역별 산업 발달_96
5. 공업의 발달과 공업화의 문제_98

[한 뼘 지식] 첨단 산업의 중심지, 테헤란밸리_110
[한 뼘 지식] 세계의 주요 공업 지역_112

5장 우리나라 인문 지리 Ⅱ - 인구와 도시

1. 인구 구조 유형_117
2. 우리나라 인구 분포와 인구의 이동_119
3. 인구의 성별 구조_123
4. 도시화 과정과 도시 문제_125
5. 인구 표어와 포스터의 변화_129

[한 뼘 지식] 우리나라의 저출산 고령화 대책_132
[한 뼘 지식] 외국의 저출산 고령화 대책_134

삼촌 방에는 커다란 우리나라 지도랑 더 커다란 세계 지도가 붙어 있어. 삼촌은 지리 선생님이야.

"삼촌은 왜 지리 선생님이 됐어요? 이름만 들어도 지루할 것 같은 과목인데?"

내가 놀리면 삼촌이 웃으며 대답하지.

"지리가 지루하다고? 천만의 말씀! 지리학처럼 재미있는 과목도 드물 걸. 지리학은 지구 표면에서 일어나는 다양한 현상과 변화를 지역적 관점에서 연구해. 지루하기는커녕 늘 새로운 과제를 나에게 던져 준단다."

"아하, 그래서 삼촌이 여자 친구 사진 하나 없이 지도만 붙여 놓고 사는구나."

"뭐라고, 요 녀석이!"

삼촌 얼굴이 빨개졌어. 하지만 이내 마치 여자 친구 사진이라도 보는 것처럼 지도를 사랑스럽게 쳐다보며 말했지.

"지도가 어때서? 내 마음을 빼앗아 간 멋진 것들인데!"

삼촌은 정말 지리를 사랑한다니까. 그런데 삼촌이 그렇게 사랑하는 지리학이란 대체 뭘까?

1. 지리학이란?

지리학은 다른 학문처럼 딱 한마디로 연구 분야를 정리하기가 어려워. 하지만 크게 세 가지로 지리학의 연구 분야를 살펴볼 수 있어.

첫째, 지리학은 지역을 연구해. 옛날 그리스 시대에도 이미 지역을 연구하는 지리학이 있었단다. 그 뒤 중세 시대 사람들은 자기가 사는 곳에서 벗어나 다른 지역을 돌아다니며 그 지역의 색다른 점에 대해 책을 쓰기도 했어. 마르코 폴로의 《동방견문록》이 바로 그런 책이야.

마르코 폴로는 자기 나라인 이탈리아를 떠나 1271년부터 1295년까지 24년 동안 아시아 여행을 하고 이 책을 썼어. 이 책은 사실보다 부풀린 내용도 있긴 하지만, 유럽 사람들이 동양에 대해 관심을 갖게 만들었지. 결국 콜럼버스가 항해를 떠나 아메리카 대륙을 발견하는 데에도 영향을 주었단다.

둘째, 지리학은 사람과 환경의 관계를 연구해. 사람을 둘러싼 환경이 어떠한지, 또 그러한 환경과 사람의 관계는 어떠한지 살펴보는 거야. 사람은 자기가 사는 곳의 환경에 맞게 적응하기 마련이라 보고, 환경의 변화에 따른 사람의 변화를 연구하는 거란다.

셋째, 지리학은 공간에 대해서도 연구해. 옛날처럼 자연적인 지역에 얽매이는 것이 아니라, 사람이 만들어 낸 공간에 대해 관심을 갖고 살펴보는 거야.

역사학이 '시간의 학문'이라면, 지리학은 '공간의 학문'이라고 해. 역사학은 오랜 시간 동안 일어난 사건과 그 의미를 살펴보지만, 지리학은 어떤 공간에서 일어나는 현상과 그 의미를 알아보니까 말이야. 지도에 표시된 지역의 경계선과 상관없이, 여러 가지 기준으로 공간을 나누어 알아볼 수 있단다.

이처럼 지리학은 원래 자연적인 지역에 대한 탐구에서 시작되었다가, 점차 환경과 사람에 초점을 맞추면서 그 분야가 더 넓고 다양해졌어. 지리는 가장 오래된 학문 중 하나로, '과학의 어머니'라고도 해. 지

구의 크기와 지구에 있는 여러 지역을 정확히 나타내려고 하면서 천문학 등 여러 분야의 과학이 발달했거든.

이러한 지리학은 자연 지리와 인문 지리로 나누어 볼 수 있어.

자연 지리는 기후, 지형, 생물 등 자연 환경에 대해 탐구해. 그리고 인문 지리는 사회, 문화, 역사, 정치, 경제, 교통, 인구, 도시 등 사람들이 만든 인문 환경에 대해 탐구한단다. 그 밖에 의료, 환경, 자원 보존 등은 자연 지리와 인문 지리의 사이에 속하지.

결국 지리학은 자연과 사람에 대해 연구하는 학문인 거야.

2. 자연과 사람의 관계

지리학이 자연과 사람에 대해 연구하는 학문이라고 했지? 자연과 사람의 관계에 대한 지리학의 주장에는 세 가지가 있어.

첫째, 사람은 의지와 기술이 있기 때문에 자연 환경을 이용하고 개발할 수 있다는 거야. 사람들은 댐을 만들어 홍수를 막고 가뭄이 오면 물을 내보내잖아? 또는 황무지를 일궈 논밭으로 이용하기도 하고 말이야. 이렇게 사람들이 자연 환경을 뜻대로 이용한다는 생각을 환경 가능론이라고 해.

둘째, 환경 가능론과 반대로 사람의 생활이 자연 환경에 의해 결정된다는 거야. 더운 지방 사람들은 먹을 것이 풍부한 데다 더위 때문에 활동하기 힘들어 게을러졌다거나, 사람이 가장 살기 좋은 온난한 기후의 지

역에서 문명이 발생했다는 것이지. 이런 생각을 환경 결정론이라고 해.

셋째, 사람과 자연은 서로 영향을 주고받는다는 거야. 환경 가능론과 환경 결정론을 합친 주장이라고 할 수 있지. 사람은 자연을 이용해 산업을 발달시키지만, 반면 지나친 산업화로 지구 온난화와 자연 재해가 발생하지. 이처럼 사람과 자연이 서로 영향을 미친다는 생각을 생태론이라고 한단다.

3. 동질 지역과 기능 지역

지리학은 지역을 연구하는 것에서 시작했다고 했지? 지역은 동질 지역과 기능 지역으로 나눌 수 있어.

동질 지역은 다른 지역과 구별되는 공통된 특징을 갖는 지역을 말해. 예를 들면 기온과 강수량 등이 같은 '기후 지역', 언어, 종교, 인종, 음식 등이 같은 '문화 지역' 등이 있지.

우리가 흔히 '문화권'이라고 하는 것이 바로 문화가 같은 동질 지역을 가리키는 거야. 우리나라, 중국, 일본 등이 속한 '동양 문화권'은 전

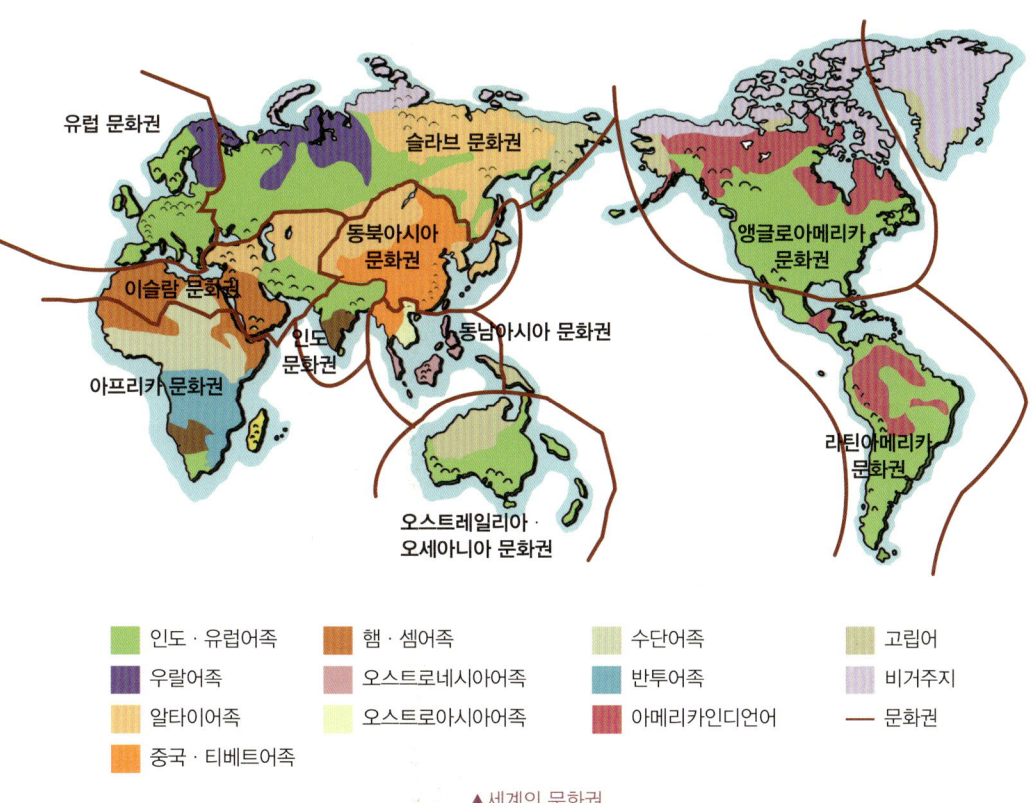

▲세계의 문화권

통적으로 유교와 불교를 믿고, 계절풍 기후 때문에 벼농사가 발달했지. 중동 지역에 있는 '이슬람 문화권'은 이슬람교를 믿으며 아랍어를 쓰고 유목 생활과 오아시스 농업을 하고 말이야.

한편 기능 지역은 중심지(중심이 되는 곳)와 배후 지역(중심지와 영향을 주고받는 주변 지역)이 기능에 따라 연결된 것을 가리킨단다. 예를 들면, 학교를 중심으로 하는 '통학권', 회사를 중심으로 하는 '통근권', 상가를 중심으로 하는 '상권' 등이 있지.

그러니까 기준에 따라 지역의 경계는 달라질 수 있어. 기후 지역은 같지만 문화 지역은 다르다든지, 한 상권 안에 두 학교의 통학권이 있다든지 할 수 있으니까 말이야.

우리나라가 어느 나라와 어떤 면에서 같은 동질 지역인지, 우리 마을에 어떤 기능 지역들이 있는지 살펴보는 것도 흥미롭겠지?

4. 우리나라의 지리적, 수리적, 관계적 위치

너희 집은 어느 쪽에 위치해 있니? 이렇게 물으면 뭐라고 대답할래?

우리 집은 우리나라 남쪽에 있는 섬에 있는데 집 뒤로는 산이 있고, 옆으로는 개울이 있고, 앞으로는 들이 있어. 아니면, 우리 집은 반도아파트 102동 203호야. 그것도 아니면, 우리 집은 내 짝꿍 진아네 집이랑 이모네 집 사이에 있어…….

이렇게 너희 집을 설명하는 방법에는 여러 가지가 있겠지? 상대방이 궁금해하는 것이 뭔지에 따라 대답이 달라질 거야.

그럼 우리나라는 어느 쪽에 위치할까? 우리나라의 위치를 나타낼 때에도 여러 가지 방법이 있어.

먼저 지리적 위치를 나타내는 거지. 지리적 위치란 대륙, 해안, 반도, 섬, 지형 등과 관련하여 나타내는 위치를 말해. 우리나라의 지리적 위치는 유라시아 대륙의 동쪽에 위치한 반도국으로, 북쪽은 중국과 러시아를 통해 대륙과 이어지고 남쪽은 태평양으로 열려 있으면서 섬나라와 이어지는 육교적 위치에 있어.

반도란 삼면이 바다로 둘러싸이고 한 면은 육지와 연결된 땅이지. 한반도는 아시아 대륙의 동북부에 있는 반도로, 바로 우리나라와 북한을 묶어서 가리키는 말이란다.

한반도의 면적은 22만 3,348제곱킬로미터야. 북한이 12만 제곱킬로미터, 우리나라가 10만 제곱킬로미터 정도라 북한이 좀 더 넓고, 면적의 70퍼센트 이상을 산악 지형이 차지하고 있어. 바다로 둘러싸인 우리나라 해안선의 길이는 8,460킬로미터에 이른단다.

두 번째로 수리적 위치를 나타낼 수도 있어. 수리적 위치란 어느 지점에 대해 경도와 위도로 표시한 위치를 말해. 우리나라의 수리적 위치는 남북으로 볼 때에는 북위 33~43도, 동서로 볼 때에는 동경 124~132도란다. 이것은 지구에서 우리나라가 어느 위치에 있는지 가

장 간단하게 설명할 수 있는 방법이지.

　마지막으로 관계적 위치를 나타낼 수도 있어. 이것은 우리나라와 이웃한 다른 나라와의 관계에 따라 정해지는 위치야. 이것은 정치적 상황, 경제 발전, 나라들끼리의 무역뿐만 아니라 역사의 흐름에까지 영향을 준단다. 지리적 위치와 수리적 위치는 바뀌지 않기 때문에 이것을 통해 알 수 있는 국가의 위치 특성도 변하지 않아.

　하지만 이웃 국가와의 관계에 따라 결정되는 관계적 위치는 시대와 상황에 따라 바뀌지. 국가는 끊임없이 주변 국가들과 영향을 주고받고, 이에 따라 국민의 생활도 이루어진단다.

　옛날부터 한반도는 지리적으로 중국과 일본을 잇는 다리 역할을 해 왔어. 지금도 동북아시아의 물류 중심지가 되기에 가장 좋은 위치에 있단다. 세계 여러 나라들과 바다를 통해 물자와 문화를 서로 편하게 주고받을 수 있으니까 경제 성장을 이루기에 좋은 조건이지.

　한반도는 경제뿐만 아니라 군사적으로도 무척 중요한 위치에 있어. 옛날 소련과 미국이 대립하던 냉전 시대에는 공산주의와 자본주의가 대립하던 위치였고, 오늘날에는 중국과 미국 사이의 완충 지대 역할을 하고 있으니까 말이야.

　이렇게 중요한 위치에 있는 만큼 우리는 옛날부터 강대국의 틈새에서 스스로를 지키기 위해 끊임없는 노력을 기울여야 했단다.

5. 우리나라의 영토, 영해, 영공

국가의 3요소는 국민, 주권, 영토야. 이 세 가지 가운데 하나라도 없으면 온전한 국가라고 하긴 어려워.

이천 년이나 영토가 없이 떠돌던 이스라엘이 그토록 영토를 찾으려 했던 것도, 주권이 없어 중국의 지배를 받는 티베트가 계속해서 독립 운동을 해 온 것도 그 때문이지.

그런데 우리가 흔히 영토라고 부르는 것은 국토를 말할 때가 많아. 정확히 말하자면 국토에는 영토, 영해, 영공이 있어. 영토는 나라의 땅, 영해는 바다, 영공은 하늘을 가리켜. 즉, 영토는 국토에 포함되지.

▼영토, 영해, 영공

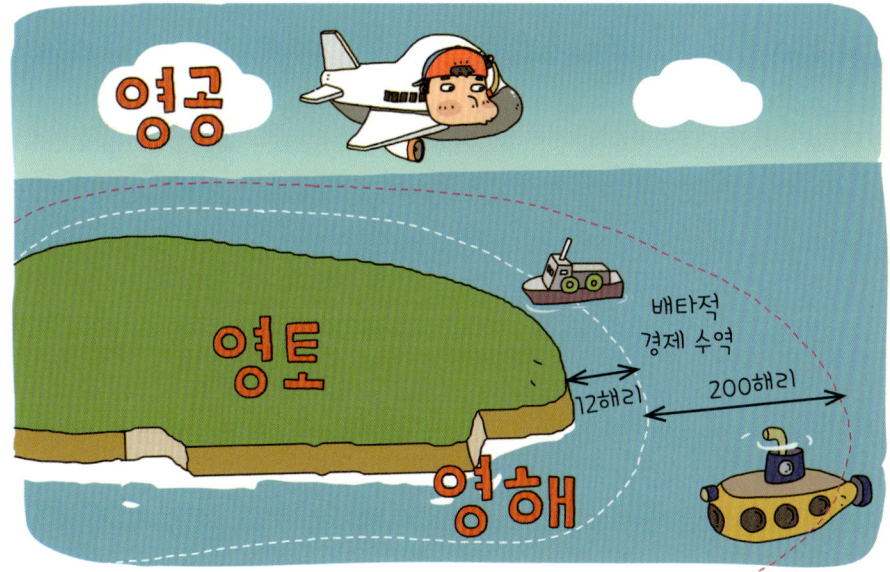

우리나라 영토는 한반도와 부속 도서야. 한반도는 영토의 97퍼센트를 차지하고, 나머지는 한반도를 둘러싼 섬들이 차지하지. 영토는 국민들이 살아가는 삶의 터전이기 때문에, 세계 여러 나라는 자기 영토를 지키기 위해 언제나 노력하고 있어.

영해는 기선으로부터 12해리까지야. 기선은 영해의 범위를 정하는

▼기선과 영해선

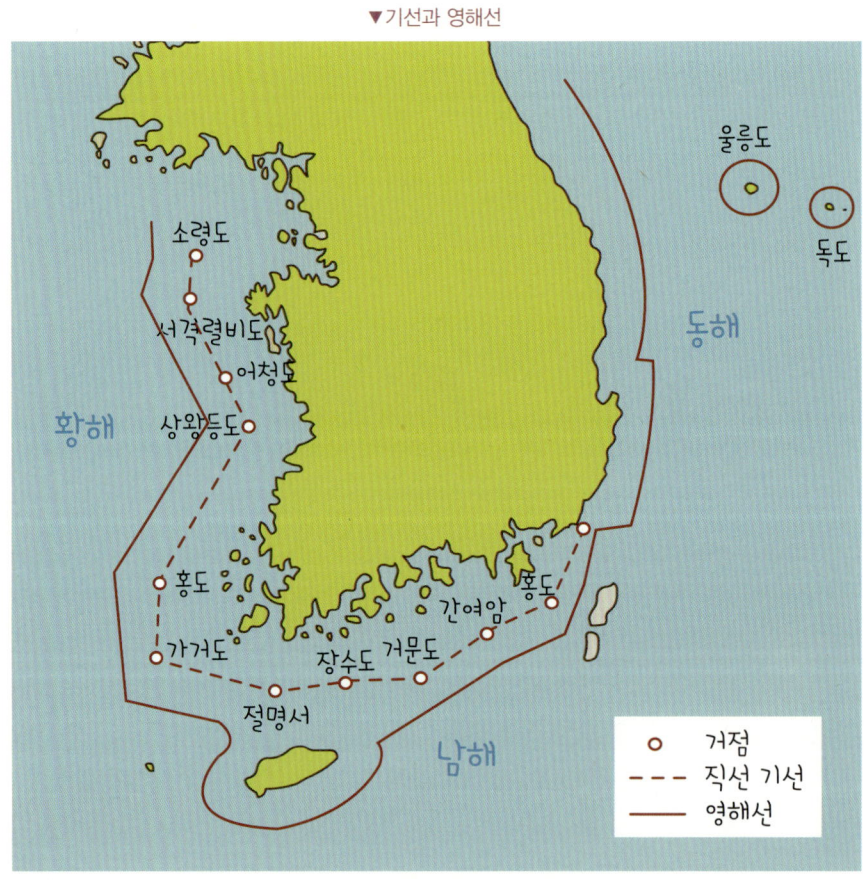

기준이 되는 선이야. 우리나라 동해는 해안선이 단조롭기 때문에 해안선을 기선으로 본단다.

하지만 서해와 남해는 섬이 많기 때문에 가장 바깥쪽에 있는 섬을 연결한 선을 기선으로 보고, 거기서부터 12해리를 영해로 보지. 해리는 바다의 거리를 잴 때 쓰는 단위로, 1해리는 1,852미터야. 그러니까 12해리는 약 22킬로미터이지. 우리나라의 영해로는 동해, 황해, 남해가 있단다.

영공은 우리나라 주권이 미치는 하늘의 범위야. 즉 영토와 영해의 상공을 가리키지.

우리 영토는 대한민국 육군이, 영해는 해군이, 영공은 공군이 단단히 지키고 있단다.

배타적 경제 수역과 무해 통항권

배타적 경제 수역이란 그 바다를 끼고 있는 나라에서 경제적으로 주권을 누리는 곳이야. 어업 수역은 어업 자원에 대해서만 권리를 갖는데 비해, 배타적 경제 수역은 경제적으로 이익을 얻을 수 있는 모든 권리를 갖고 있어. 즉 생물과 무생물 등 자원을 얻고, 바닷물과 바람을 이용해 에너지를 만들어 내고, 인공 섬이나 구조물을 짓고, 해양 조사는 물론 해양 환경 보호에도 나서는 등 다양한 권리를 포함하지.

영해는 기선으로부터 12해리이지만, 배타적 경제 수역은 200해리까

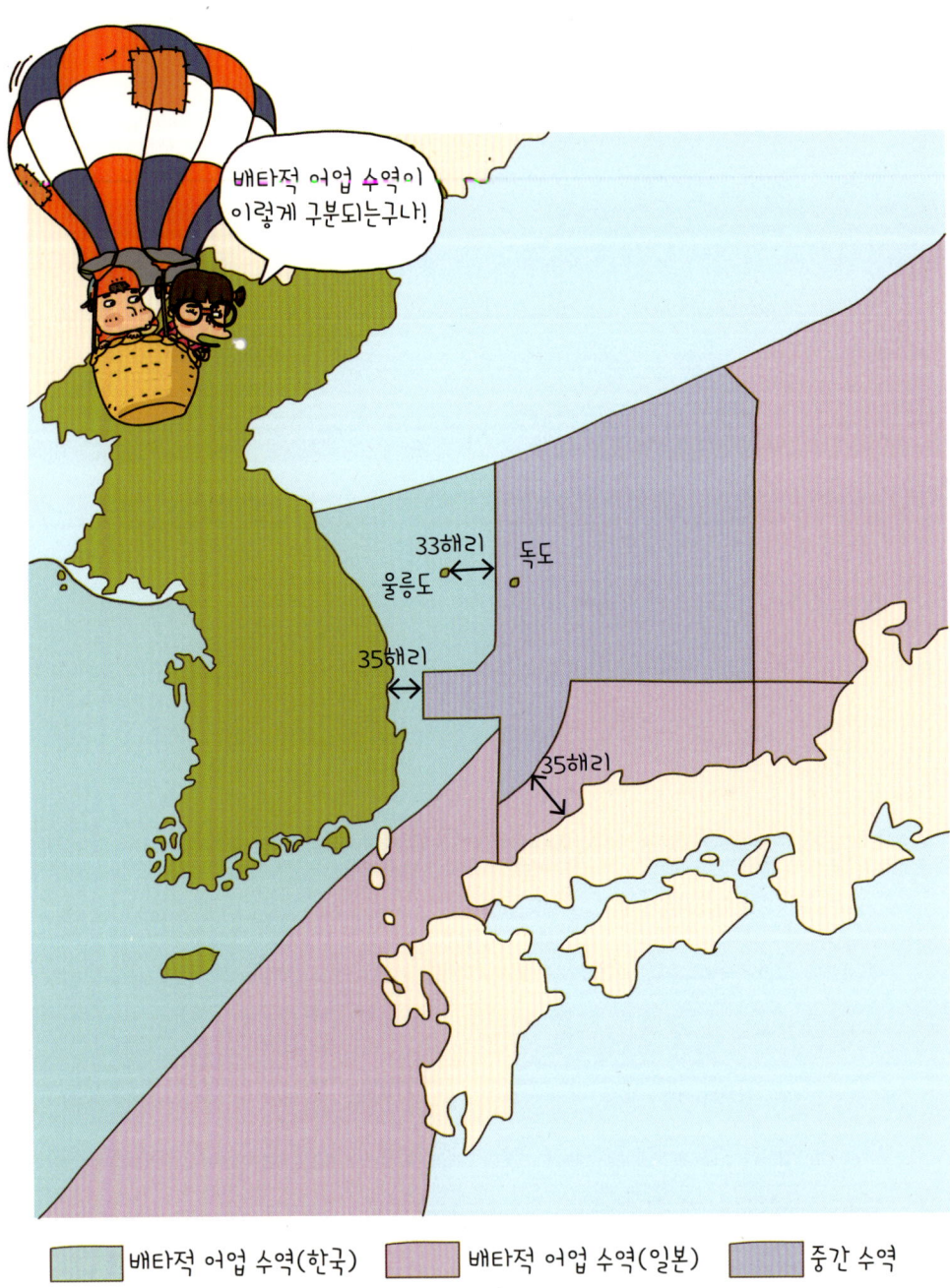

지야. 영해와 달리 다른 나라 배들도 다닐 수는 있지만, 다른 나라의 배타적 경제 수역 안에서 고기를 잡거나 자원을 얻는 등 경제적인 이익을 얻는 활동을 해서는 안 돼.

배타적 경제 수역이 아닌 영해나 영공에서도 다른 나라 배나 비행기가 지나가도록 허락해 주기도 하는데, 이것을 무해 통항권이라고 해. 그 나라에 아무 해도 끼치지 않고 그저 지나가기만 할 수 있는 거야.

영해 내에서 정박하거나 이리저리 돌아다니는 것은 무해 통항으로 인정해 주지 않아. 다만 배가 파손되는 등 긴급 상황일 경우에는 예외로 정박하게 해 준단다.

6. 독도 이야기

독도는 우리나라 가장 동쪽에 있는 섬이야. 북위 37도 14분, 동경 131도 52분에 위치하며, 경상북도 울릉군에 속하지. 독도는 동도와 서도, 그 밖의 90개쯤 되는 작은 섬들로 이루어져 있어.

울릉도에서 동남쪽으로 87.4킬로미터를 가면 독도가 있어. 날씨가 좋은 날이면 울릉도에서 독도가 한눈에 보일 정도로 울릉도와 가깝지. 하지만 일본에서 독도와 가장 가까운 오키 섬에서는 북서쪽으로 157.5킬로미터나 가야 독도가 있어. 물론 일본에서는 독도를 볼 수 없단다.

독도에는 육지에서 볼 수 없는 신기한 동식물과 맑은 바다가 있어서 관광객들에게 인기가 높아. 다양한 생물을 연구하려고 과학자들도 자

주 찾는 섬이지.

그리고 독도 주변 바다는 북쪽에서 내려오는 북한 한류와 남쪽에서 북상하는 대마 난류가 만나는 곳이라 플랑크톤이 풍부하기 때문에 황금 어장을 이루고 있어. 오징어, 연어, 송어, 대구, 명태, 꽁치, 상어 등 갖가지 물고기가 잡히지.

그뿐인 줄 아니? 독도 주변 바다에는 천연 가스가 잔뜩 묻혀 있고, 석유가 있을 가능성도 있단다. 독도의 가치를 돈으로 따지면 11조 원도 훌쩍 넘어. 게다가 독도는 전략적으로도 중요한 곳이야. 그래서 우리나라는 통신 기지를 세워서 러시아, 일본, 북한의 해군과 공군의 움직임을 늘 살펴보고 있단다.

일본이 독도를 자기 땅이라고 우기며 탐내고 있지만, 독도는 역사상 오래 전부터 우리나라 땅으로 기록되어 있고, 지금도 우리 국민이 살고 있는 우리 땅이야.

독도가 우리나라 땅이라는 근거는 크게 세 가지를 들 수 있어.

첫째, 지정학적 근거가 있어. 울릉도에서 보일 정도로 가까운 독도는 지리적으로 가까운 나라인 우리나라에 속하는 거지.

둘째, 역사적 근거가 있어. 신라 시대에 울릉도와 독도는 우산국을 이루었는데, 신라 지증왕 13년(512년)에 신라 장군 이사부가 우산국을 정복한 뒤 지금에 이르고 있어.

독도가 일본 땅이라는 문헌이나 자료가 없어 독도가 우리 땅인 걸 알고 있던 일본은 1905년에 갑자기 행정 조치를 취하며 독도를 일본 땅이라고 주장했어. 그런데 이것은 오히려 그 동안 독도가 일본에 속하지 않았다는 것을 똑똑히 보여 주는 증거야.

셋째, 국제법상 근거도 있어. 제2차 세계대전이 끝나고 일본은 우리나라의 독립을 인정하며 제주도, 거문도, 울릉도를 포함한 우리나라에 대한 모든 권리를 포기한다는 조약을 맺었어. 1946년 연합국 최고 사령부는 독도를 우리나라 영토로 판정해서 돌려주었고, 1948년 8월 15일에 수립된 대한민국 정부가 독도를 인수했어.

1948년 12월 12일 국제 연합은 우리나라를 국제 사회의 주권 국가로 승인했어. 물론 독도가 포함된 우리나라 영토에 대한 통치권도 국제적으로 공인했지. 그 뒤 1952년 샌프란시스코 강화 조약에서도 독도에 대한 우리나라의 영유권이 다시 한번 확인되었단다.

　이와 같이 독도는 틀림없는 우리 땅이기 때문에 군인이 아니라 경찰, 즉 경북지방경찰청에 속한 독도 경비대가 우리 섬 독도를 지키고 있단다.

　독도박물관도 있는데, 알고 있니? 우리나라는 1995년에 광복 50주년을 맞이하여 독도박물관을 세우기로 하고, 자료를 모으는 등 준비 기간을 거쳐 1997년에 박물관의 문을 열었어.

경상북도 울릉군 울릉읍에 있는 독도박물관에는 독도, 울릉도에 대한 여러 자료뿐 아니라 독도영상관, 독도전망로비 등이 있어 다양한 체험도 할 수 있단다.

대동여지도

지금은 우리나라 영토를 정확하게 나타낸 지도가 많이 나와 있지만, 옛날에는 그렇지 않았어. 물론 여러 가지 지도가 있었지만, 그중에서 김정호의 〈대동여지도〉는 보물 850호로 정해질 만큼 지금도 높이 평가되고 있어.

대동여지도는 지금으로부터 약 150년 전인 1861년에 만들어졌어. 그런데 대동여지도는 우리가 흔히 보는 한 장짜리 지도가 아닌 책의 형태로 되어 있단다. 가로 20센티미터, 세로 30센티미터의 종이를 옆으로 길게 이어 붙여 만든 책이 22권 모여 하나의 지도가 되는 거야. 즉 각각 떼어 놓으면 분리도이지만, 합치면 전도가 된단다.

백두산에서 제주도까지 22권의 지도책을 모두 붙이면 가로 4.2미터, 세로 6.6미터의 엄청나게 큰 전국 지도가 되지. 이 지도를 걸어놓으려면 3층쯤 되는 벽이 있어야 하겠지? 이렇게 큰 지도인데도 아코디언처럼 연결되어 있어서 갖고 다니기에 편리하단다.

▲ 대동여지도

그 전에 나온 지도들과 대동여지도의 중요한 차이는 기호를 사용했다는 거야. 요즘에는 기호를 쓰는 걸 당연히 여기지만, 대동여지도는 우리나라에서 처음으로 기호를 써서 만든 지도야. 도로는 직선, 물길은 곡선으로 표현하고, 거리를 나타내기 위해 십 리마다 점을 하나씩 찍는 등의 방법을 써서 알아보기 쉽게 만든 지도야.

게다가 인공위성에서 찍은 서울의 모습과 대동여지도를 비교해 보면 거의 비슷하게 겹쳐져. 150년 전에 만든 것이라고는 믿어지지 않을 만큼 정확도가 높단다.

그리고 역참, 창고, 진, 보, 봉수 등 군사 시설도 꼼꼼히 표시하여 군사 지도로도 활용될 수 있어.

김정호는 대동여지도 첫머리에 이런 말을 남겼어. '세상이 어지러우면 이 지도로써 적을 막고, 세상이 평화로우면 이로써 나라를 경영하고 백성을 다스리고자 이 지도를 남긴다.'라고.

정확하고 편리할 뿐만 아니라 아름답기까지 한 대동여지도는 이렇게 탄생했단다.

2장

우리나라 자연 지리 I
-기후와 생활

"에취! 아, 요즘 황사 때문에 비염이 심해졌어. 너도 조심해라. 마스크 쓰고 다니고."

삼촌이 집에 들어서면서 재채기를 했어.

"네. 그런데 황사보다 비가 더 걱정이에요. 내일 현장 학습 가는데, 날이 점점 흐려지고 있잖아요. 왜 현장 학습이나 운동회 같은 중요한 행사가 있는 날에 비가 자주 올까요? 사막에 살면 이런 걱정 안 해도 될 텐데……."

"뭐라고? 사막에 살면 걱정 없다고? 이 녀석, 하나만 알고 둘은 모르는구나. 봄가을에 적당히 비가 오는 우리나라 기후가 얼마나 축복받은 건지 모르고."

"축복받은 기후라고요. 여름엔 비가 엄청 오고, 겨울엔 너무 추운데? 난 차라리 늘 햇빛 비치는 사막이 좋은 것 같아요. 오아시스 가까이에만 산다면."

"녀석, 비만 자주 안 오면 좋은 기후인 줄 아는구나? 세계가 사막화되어 가는 게 얼마나 큰 문제인지도 모르고. 자, 들어 봐."

앗, 큰일이네. 내일 현장 학습을 가려면 일찍 자야 하는데, 삼촌이 날 붙들고 기후 이야기를 시작했어.

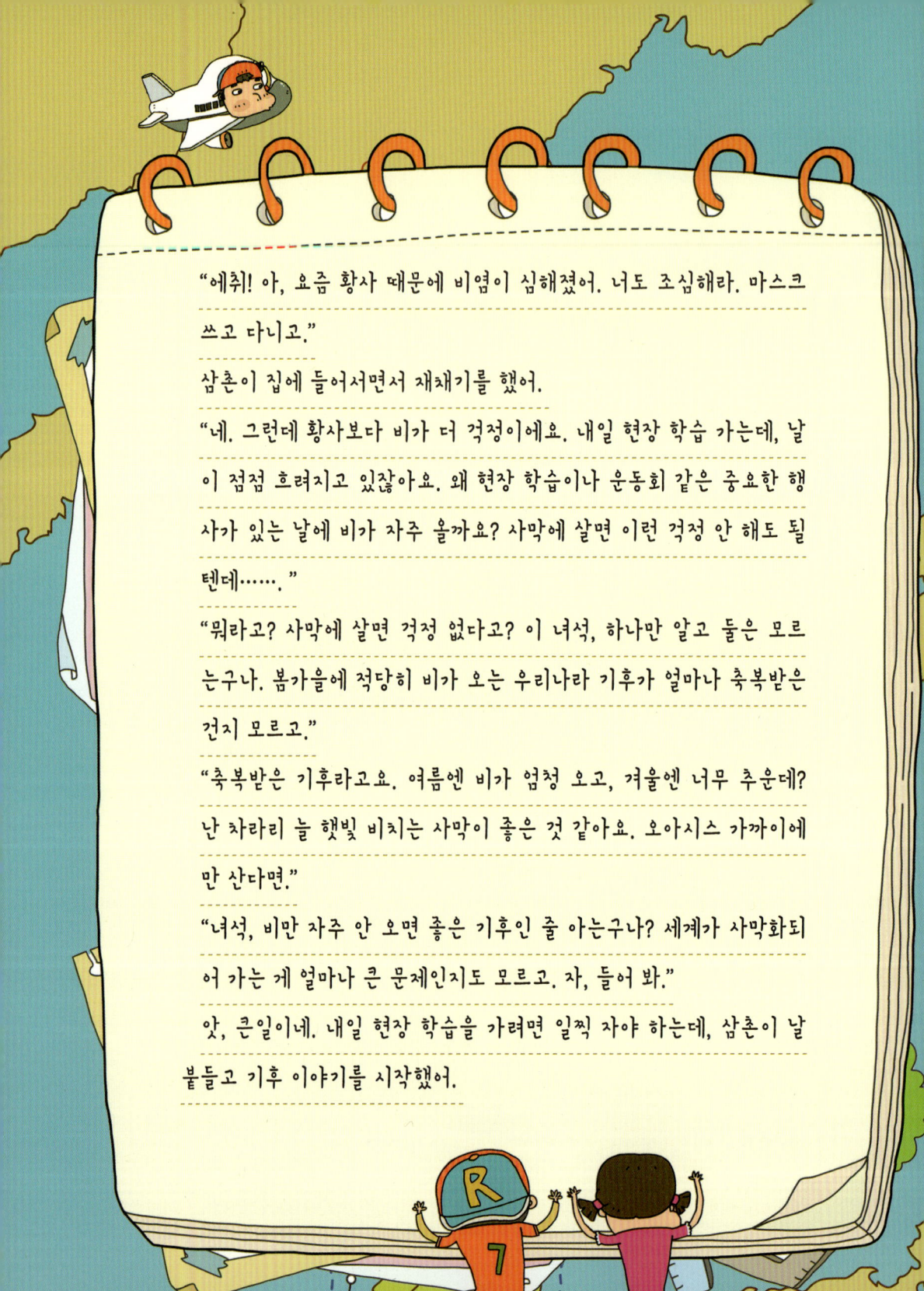

1. 기후란?

우리는 흔히 기후와 날씨를 혼동하여 사용하지만, 기후는 날씨보다는 더 큰 개념이야. 날씨는 '오늘의 날씨', '제주도의 날씨' 등 비교적 짧은 기간, 비교적 좁은 지역의 기상 상태를 말해.

하지만 기후란 어느 지역에서 30년 정도에 걸쳐 나타난 기상 요소의 평균 상태란다. 여기서 기상 요소란 햇빛, 기온, 습도, 기압, 강수, 풍속, 풍향 등을 가리키지.

그럼 기상 요소에 대해 살펴볼까?

기상 요소 중에서 가장 기본적인 것은 기온이야. 우리가 병원에 가면 체온부터 재지? 우리 몸의 온도인 체온, 이것으로 몸의 상태를 알아보는 것처럼 대기의 온도인 기온, 이것이 기상 요소의 기본이란다.

기온은 사람이 하는 활동이 대부분 이루어지는 1.2미터에서 1.5미터의 대기 온도를 기준으로 측정해. 흔히 말하는 '날씨가 덥다, 춥다'는 '기온이 높다, 낮다'는 것과 같은 뜻이야.

기온에 영향을 미치는 것은 아주 많아. 위도, 태양의 고도, 낮의 길이, 바람, 바다로부터의 거리, 지리적 위치, 해류 등이 있지. 예를 들어 위도를 기준으로 살펴보자면, 적도에 가까울수록 기온이 높고 적도에서 멀수록 기온이 낮아져.

또한 낮의 길이가 길면 기온이 높아지고 낮의 길이가 짧으면 기온이 낮아지지. 기온에 따라 그 지역에서 살 수 있는 생물의 종류는 매우 다

르단다. 적도 근처 열대 우림에 사는 동식물과 북유럽의 추운 산에 사는 동식물이 다른 것처럼 말이야.

습도는 공기 중에 있는 수증기의 양을 가리켜. 수증기는 눈에 보이지 않는 기체 상태의 물이야. 그러니 물이나 다름없는 수증기가 눈이나 비 등 강수를 결정하는 건 당연하겠지?

그런데 수증기는 태양과 지구로부터 열을 흡수하기 때문에 강수뿐만 아니라 기온도 조절한단다. 대기 중 수증기의 양은 온도에 의해 결정되기 때문에 장소와 시간에 따라서 계속 바뀌지. 그래서 수증기는 기상 요소 중 가장 변화가 심한 요소란다.

기압은 대기가 지표면에 가하는 압력을 말하는데, 고도가 높을수록 기체 밀도와 기압은 낮아져. 높은 산에 올라갔을 때 숨 쉬기 어렵고 머리가 아픈 고산병에 시달리는 이유는 바로 저기압과 산소 부족 때문이야. 기압도 공간과 시간에 따라 계속 바뀌는데, 어떤 구역의 기압이 주변보다 낮으면 저기압, 주변보다 높으면 고기압이란다.

공기는 뜨거워지면 부피가 커져. 그럼 당연히 밀도가 낮아지고 주변의 찬 공기보다 가벼워지지. 밀도가 뭐냐고? 밀도는 어떤 공간 안에 포함된 것의 빽빽한 정도를 말해.

우리나라 인구는 오천만 명을 조금 넘을 뿐이지만, 국토가 넓지 않아 인구 밀도가 높은 편이잖아? 그런데 우리나라가 만약 중국쯤 되는 넓은 국토를 가졌다고 생각해 봐. 그럼 우리나라 인구 밀도는 확 낮아지겠지? 마찬가지로 공기를 데우면 부피가 커지기 때문에 같은 양의 공기가 있어도 밀도가 낮아지고 가벼워지는 거야.

혹시 열기구가 뜨는 것을 본 적 있니? 열기구도 바로 이런 원리를 이용한 거야. 열기구의 풍선 아래에 불을 지펴서 풍선 안에 든 공기를 데우는 거지. 그럼 열기구 속 공기의 밀도가 낮아지면서 가벼워지겠지? 그렇게 해서 열기구는 하늘로 둥둥 뜨게 되는 거야.

이와 반대로 공기는 차가워지면 부피가 작아져. 그럼 밀도가 높아지

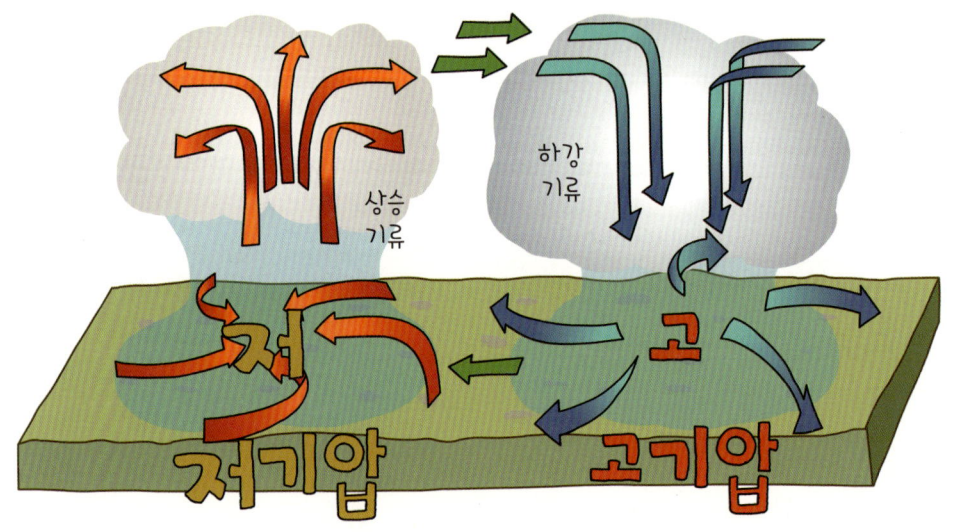

고 주변의 더운 공기보다 무거워지지. 즉 기온이 높으면 저기압, 기온이 낮으면 고기압이 되는 거란다.

지하철을 탔는데 이 칸에는 사람이 너무 많아 몸을 움직일 수도 없고 저 칸에는 사람이 별로 없이 텅텅 비었다면 어떻게 하겠어? 당연히 사람이 없는 칸으로 가서 숨통이 트이게 하겠지?

공기도 마찬가지야. 공기가 꽉 차 기압이 높으면, 그곳을 떠나 공기가 별로 없는 기압이 낮은 곳으로 옮겨 가려 하지. 이런 공기의 움직임 때문에 고기압에서 저기압 쪽으로 바람이 불게 되는 거야.

2. 여러 가지 바람

기후 요소 가운데 빼놓을 수 없이 중요한 것이 바람이야. 바람은 지역 사이의 기압이 다를 때 공기가 고기압에서 저기압으로 옮겨 가는 현상이라고 했지? 바람은 항상풍, 계절풍, 국지풍, 그리고 이동성 저기압 등 크게 네 가지로 살펴볼 수 있어.

먼저 항상풍은 1년 내내 일정한 방향과 속도로 부는 바람이야. 지구 대기의 순환에 따라 나타나기 때문에 별로 변하지 않고 항상 똑같이 부는 바람이라 항상풍이라고 해. 다른 모든 바람들보다 탁월하다고 해서 탁월풍이라고도 하고 순환풍이라고도 불러.

항상풍에는 아열대 고압대로부터 적도 저압대로 부는 무역풍, 아열대 고압대로부터 냉대 저압대로 부는 편서풍, 극고압대로부터 불어 나오는 극편동풍 등이 있어.

두 번째로 계절풍은 계절에 따라 방향이 바뀌는 바람이야. 여름과 겨울에는 바람의 방향이 정반대로 바뀌는데, 몬순(monsoon)이라고도 불러. 몬순은 아라비아어로 계절을 뜻하는 마우짐(mausim)에서 온 말이야.

옛날부터 아라비아인들은 인도양에서 반년마다 번갈아 부는 겨울의 북동풍과 여름의 남서풍을 이용해 항해를 했단다. 여름에 대륙은 뜨겁게 데워져 저기압이 되고 해양은 서늘해서 고기압이 되기 때문에, 다습한 여름 계절풍이 바다에서 육지로 불어.

반대로 겨울에 대륙은 건조하며 차가워 고기압이 되고 해양은 온난하여 저기압이 되기 때문에, 건조한 겨울 계절풍이 육지에서 바다로 분단다.

대륙과 해양의 온도 차이는 여름보다는 겨울에 더 크기 때문에, 겨울 계절풍이 여름보다 훨씬 강해. 대륙과 해양 사이의 어디에서든지 계절풍이 불지만 지역에 따라 차이가 크지. 계절풍이 가장 많이 부는 지역은 아시아와 인도 지역이야. 우리나라를 비롯한 동아시아는 여름에는 남동풍, 겨울에는 북서풍이 분단다.

세 번째로 국지풍은 특정 지역에만 부는 바람이야. 지형의 조건에 따라 비교적 좁은 지역에서 불어서 지방풍이라고도 해. 대표적인 것으로 해륙풍과 산곡풍, 그리고 높새바람이 있어.

해륙풍은 육지와 바다가 태양열에 데워지는 속도가 각각 다르기 때

문에 지표면과 해수면의 온도 차이가 생겨 부는 바람이야. 육지는 낮에 태양열을 받으면 바다보다 빠르게 뜨거워지고, 밤이 되어 태양열을 받지 못하게 되면 바다보다 빠르게 식거든.

여름에 바닷가에 놀러 갔을 때, 바다에서 불어오는 시원한 바람을 느껴 본 적이 있니? 그게 바로 해풍이야. 해풍은 낮에 시원한 바다에서 뜨겁게 데워진 육지를 향해 불어.

반대로 육풍은 밤에 금세 차갑게 식은 육지에서 따뜻한 바다를 향해 불지. 같은 이유로 해풍은 여름에 불고, 육풍은 겨울에 불어. 해풍의 피해를 막기 위해 바닷가에 나무를 많이 심어 방풍림을 만들기도 한단다.

바다와 육지 사이에 해륙풍이 부는 것에 비해 산과 골짜기 사이에는 산곡풍이 불어. 낮에는 산꼭대기 부분이 골짜기보다 더 뜨겁게 데워지기 때문에 공기가 골짜기를 타고 올라가는데, 이것을 곡풍이라고 해.

반대로 밤에는 산꼭대기 부분이 골짜기보다 더 빨리 차갑게 식기 때문에 차가워진 공기가 골짜기를 타고 내려오는데, 이것은 산풍이라고 한단다.

높새바람은 북동풍을 뜻하는 방언인데, 푄(föhn)이라고도 불러. 봄과 초여름에 동해로부터 시작해서 태백산맥을 넘어 영서 쪽으로 부는 뜨겁고 건조한 바람이야. 높새바람 때문에 가뭄으로 농작물에 피해를 주기도 하고, 산불이 번질 염려도 있으니 조심해야 해.

 이 밖에도 더 좁은 지역의 바람으로 도시풍이 있어. 이것은 상층부의 바람이 약할 때 상층의 공기가 다시 내려와 도시 안쪽을 향해 부는 바람이야. 그중에서도 도시풍의 흐름과 도로의 방향이 같을 때에는 매우 강한 도로풍이 불어. 또, 빌딩에 부딪힌 바람이 양쪽으로 갈라져 부는 곳에는 빌딩풍이 분단다.

 마지막으로 이동성 저기압에는 온대성과 열대성이 있어. 우리나라에서 온대성 저기압은 초봄 단비나 겨울 함박눈을 내리게 하니까 별 문제가 되지 않아. 하지만 열대성 저기압은 바로 무시무시한 태풍이란다. 강한 비바람으로 인명과 재산에 피해를 줄 수 있으니까 잘 대비해야만 하지.

 세계에는 모두 네 종류의 열대성 저기압이 있는데, 인도 뱅골 만의

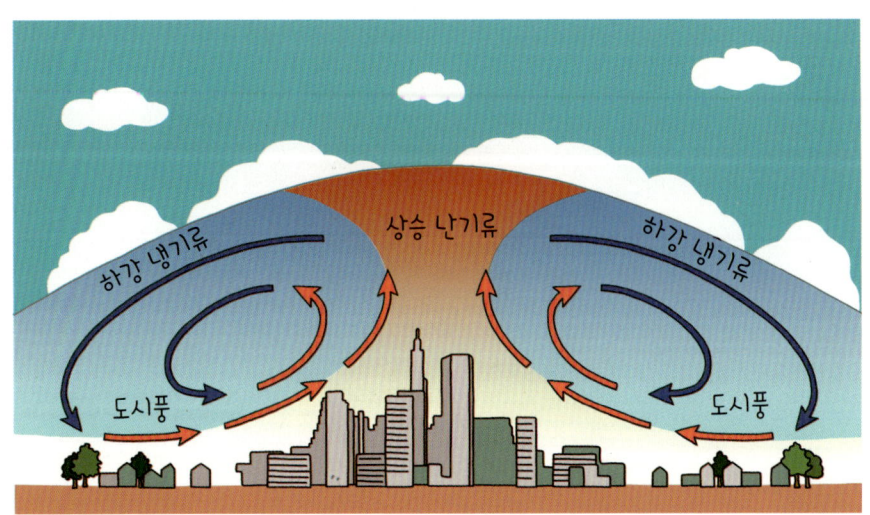

사이클론, 미국 남부 멕시코 만 연안의 허리케인, 호주 북부의 윌리윌리, 그리고 동아시아의 태풍이야. 이 네 가지 열대성 저기압 가운데 태풍이 가장 온순한 편이라니 그나마 다행이지?

3. 우리나라 기후의 특징

북반구의 극동 지역에 있는 우리나라는 온대성 기후에 속한단다. 4계절이 뚜렷해서 더운 여름과 추운 겨울, 그리고 비교적 맑고 건조한 봄과 가을이 있지.

연평균 기온은 섭씨 8~18도로 지역차가 큰 편이지만, 산악 지대를 제외하면 대체로 섭씨 10~16도 안팎이야. 기상청의 2022년 기후 분석 결과에 따르면 7월의 평균 기온은 25.9도, 12월의 평균 기온은 영

　이 밖에도 더 좁은 지역의 바람으로 도시풍이 있어. 이것은 상층부의 바람이 약할 때 상층의 공기가 다시 내려와 도시 안쪽을 향해 부는 바람이야. 그중에서도 도시풍의 흐름과 도로의 방향이 같을 때에는 매우 강한 도로풍이 불어. 또, 빌딩에 부딪힌 바람이 양쪽으로 갈라져 부는 곳에는 빌딩풍이 분단다.

　마지막으로 이동성 저기압에는 온대성과 열대성이 있어. 우리나라에서 온대성 저기압은 초봄 단비나 겨울 함박눈을 내리게 하니까 별 문제가 되지 않아. 하지만 열대성 저기압은 바로 무시무시한 태풍이란다. 강한 비바람으로 인명과 재산에 피해를 줄 수 있으니까 잘 대비해야만 하지.

　세계에는 모두 네 종류의 열대성 저기압이 있는데, 인도 뱅골 만의

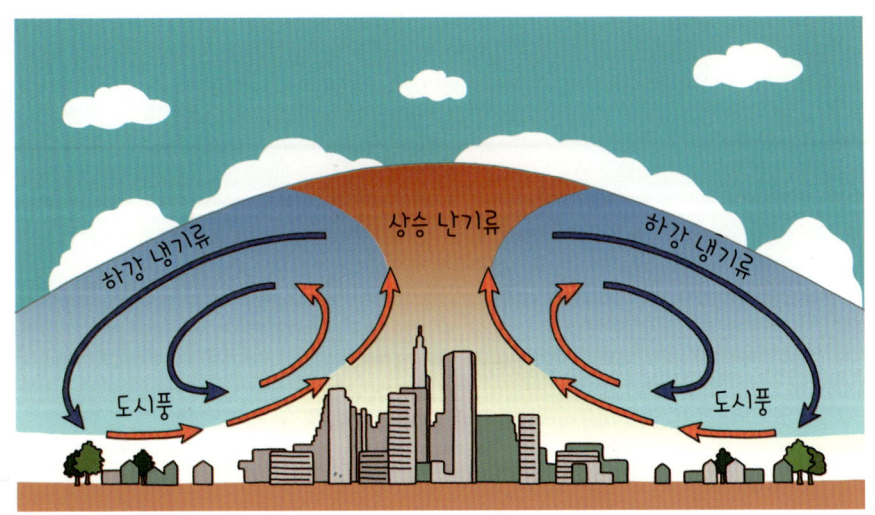

사이클론, 미국 남부 멕시코 만 연안의 허리케인, 호주 북부의 윌리윌리, 그리고 동아시아의 태풍이야. 이 네 가지 열대성 저기압 가운데 태풍이 가장 온순한 편이라니 그나마 다행이지?

3. 우리나라 기후의 특징

북반구의 극동 지역에 있는 우리나라는 온대성 기후에 속한단다. 4계절이 뚜렷해서 더운 여름과 추운 겨울, 그리고 비교적 맑고 건조한 봄과 가을이 있지.

연평균 기온은 섭씨 8~18도로 지역차가 큰 편이지만, 산악 지대를 제외하면 대체로 섭씨 10~16도 안팎이야. 기상청의 2022년 기후 분석 결과에 따르면 7월의 평균 기온은 25.9도, 12월의 평균 기온은 영하 1.4도니까 계절에 따른 온도차가 크지?

바람은 북서 계절풍이 남동 계절풍보다 강한 편인데, 특히 12월에서 2월까지는 북서 계절풍이 강하게 나타나. 해안 지방은 해륙풍의 영향을 크게 받는단다. 태풍은 6~10월 중에 오는데, 그중 두세 개쯤은 우리나라에 직접·간접적으로 영향을 미치곤 해.

습도는 7월이 가장 높아서 전국적으로 80~90%에 이를 정도야. 어딜 가나 끈적끈적한 느낌이 들고, 불쾌지수도 아주 높아 쉽게 짜증이

나지.

습도가 가장 낮은 달은 1월, 4월로 30~50% 정도야. 이때는 건조해. 9월, 10월은 습도가 75% 안팎으로 쾌적해서 가을 소풍을 가거나 운동회를 하기에 알맞단다.

기후는 변화하는 것이라고 했지? 요즘 우리나라 기후의 특징 가운데 빼놓을 수 없는 것은 황사나 미세 먼지 등 환경과 관련된 현상이야. 봄이면 중국에서 불어오는 바람을 타고 황사가 우리나라에까지 퍼져 오잖아.

이처럼 기후나 환경 문제는 이웃 나라에까지 영향을 주기 때문에 각 나라가 함께 힘을 모아 대처하기도 한단다.

우리나라 강수의 특징

우리나라 연 강수량은 남부 지방이 1,500mm, 중부 지방이 1,300mm 정도야. 그중에서 약 70%가 여름에 집중되어 있는데, 이것은 장마와 태풍의 영향 때문이지. 장마는 6월 하순에 남해안에서 시작되어 점차 중부 지방으로 올라오는데, 대략 30일 정도 계속돼. 9월 초쯤 가을 장마가 있을 때도 있지. 하지만 2022년은 대만 한파, 북미 폭설 등 전 세계적으로 기상이변이 빈발했던 해였어. 우리나라 또한 중부 지방의 집중호우, 남부 지방의 적은 강수량 그리고 동해안에는 역대급 태풍의 영향으로 피해가 컸어.

이러한 강수량은 사람들의 생활에 영향을 미친단다. 예를 들어, 다른 해안 지역과 달리 서해안 지역은 강수량이 적고 일조량이 많아 염전이 발달했어. 평창, 태백 등 강원도는 눈이 많이 내려 스키장 등 겨울 산업이 발달했지.

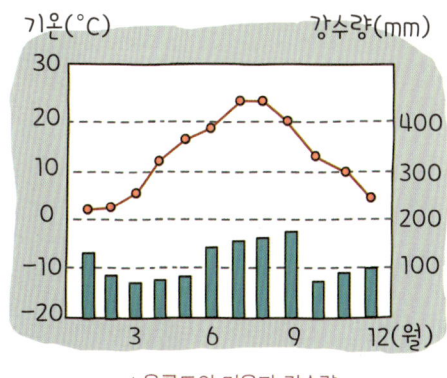
▲울릉도의 기온과 강수량

울릉도 역시 눈이 많이 내리는 대표적인 다설 지역이야. 차가운 북서 계절풍이 동해를 지나면서 습기를 머금은 채 움직이다가 울릉도에 부딪혀 눈을 뿌리게 되는 거지.

우리나라 대부분의 지역은 강수량이 여름에 집중되어 있지만, 울릉도는 겨울에 눈이 많이 와서 연중 강수량이 고르단다. 울릉도는 이처럼 많은 눈비와 섬의 강한 바람을 막기 위해 귀틀벽과 우데기 벽을 만들었어. 지붕이 쓰러지지 않도록 먼저 튼튼한 통나무로 귀틀벽을 만들고, 귀틀벽 바깥쪽으로 다시 풀이나 짚으로 우데기 벽을 만들어 눈이 들어오지 못하게 막아 주는 거야.

귀틀벽은 통나무를 가로로 쌓아 만드는데, 통나무 사이사이는 이끼와 진흙으로 메워. 우데기 벽은 여러 개의 기둥을 세운 다음 억새나 옥수숫대를 엮어 집을 빙 둘러 만들지. 물론 사람이 드나들 수 있도록 출

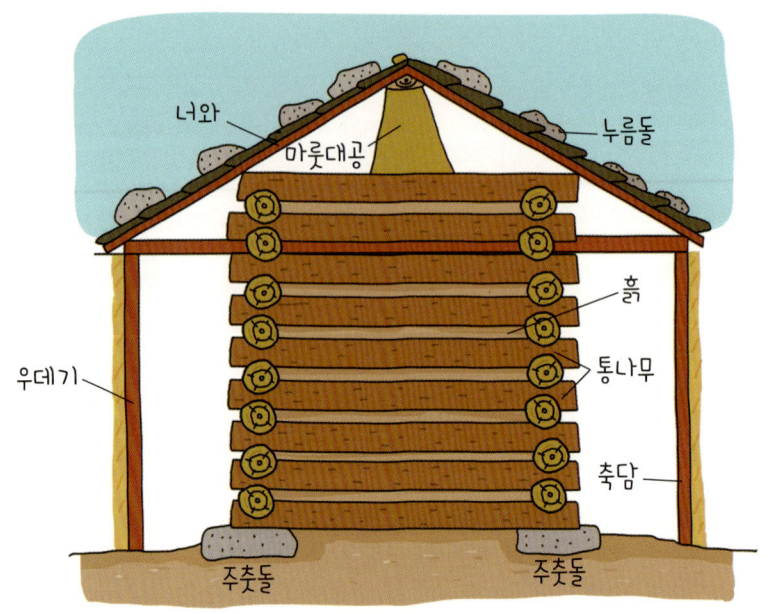
▲우데기의 구조

입문만 빼고 말이야.

우데기는 눈과 바람은 물론 햇빛도 막아 주지. 우데기 안쪽으로 공간이 생기기 때문에, 눈이 많이 내리는 겨울이면 이곳에서 일도 할 수 있고 뭔가 저장하는 창고로 쓸 수도 있단다.

울릉도 집의 특징은 귀틀벽이나 우데기 벽뿐만 아니라 지붕에서도 찾아볼 수 있어. 눈이 많이 내리면 눈의 무게를 견디지 못하고 지붕이 무너질 수도 있기 때문에, 울릉도는 지붕의 기울기를 매우 심하게 만든단다. 이러한 급경사 지붕은 눈이 내리면 쌓이지 않고 바로 미끄러지게 해 주거든.

이 밖에도 울릉도에서는 눈 위를 쉽게 걸을 수 있도록 '설피'라는 특별한 신발을 덧신기도 했어. '살피'라고도 하는 이 신발을 신으면 눈길에서 미끄러지지 않고 걸을 수 있지.

이것은 나무나 덤불의 껍질을 벗겨 다듬은 다음 뜨거운 물에 넣고 구부려 만들어. 눈 쌓인 산을 오를 때 덧신는 아이젠과 비슷한 역할을 하지. 짚으로 만든 장화처럼 생긴 멱신을 신은 다음 설피를 덧신으면 더욱 든든했단다.

어때? 눈이 많이 온다고 집에만 갇혀 있는 대신 여러모로 궁리해서 집을 보호하거나 생활을 편리하게 하고, 겨울 산업을 발달시키기까지 하는 사람들의 적응력과 지혜가 놀랍지 않니?

▲설피　　　　▲멱신 위에 덧신던 설피　　　　▲현대식 아이젠

우리나라 지역별 기후

우리나라는 남쪽과 북쪽의 기온 차이가 크다고 했지?

여름이면 가장 더운 지역으로 알려진 대구의 기후에 대해 먼저 알아볼까? 사방이 산지로 둘러싸여 있는 대구는 분지 기후야. 즉, 산으로 둘러싸인 분지 안쪽의 더운 열기가 밖으로 빠져나가지 못하기 때문에 몹시 무더운 기후가 되는 거야.

  이렇게 여름은 매우 무덥지만 겨울엔 추워서 기온의 연교차가 심해. 1월 평균 기온은 영하 0.7도 안팎, 8월 평균 기온은 26.3도 안팎이라 연교차가 무려 27도나 되거든.

  2018년 7월 24일에는 대구 기온이 40.3도에 이르러, 1942년 8월 1일 40도 이후 최고 기온을 기록하기도 했어. 대구는 여름이면 덥고 겨울이면 추워 불편한 점도 있지만, 자연 재해가 적다는 장점도 있어. 사

방을 둘러싼 산이 바다에서 몰려오는 비구름이나 바람을 막아 주기 때문에, 폭우나 폭설, 태풍 등의 피해가 다른 지역에 비해 적단다.

반대로 한반도에서 가장 추운 지역은 북한에 있는 중강진이라는 곳이야. 중국과 맞붙어 있는 곳에 있는 중강진은 내륙에 있다 보니 온도 변화가 매우 심하고, 겨울이면 무시무시한 강추위가 찾아오는 곳이지. 1933년에는 영하 43.6도까지 내려가 한반도에서 가장 추웠던 날로 기록되었단다.

그럼 우리나라에서 가장 추운 곳은 어디일까? 대체로 군부대가 많은 철원이 가장 추운 곳이야. 그런데 막상 최저 기온의 기록은 양평이 갖고 있단다. 1981년 1월 5일 양평의 기온은 영하 32.6도까지 내려가 우리나라 최저 기온을 기록했거든.

그다음으로 강추위 기록을 세운 곳은 철원으로, 2001년에 영하 29.2도까지 내려갔단다. 비공식적으로는 2010년 1월 철원의 기온이 영하 30.5도까지 내려갔다고 해. 철원은 내륙 분지 지역이라 여름에 덥고 겨울에 추운 대륙성 기후를 보이는 거야.

우리나라에서 가장 남쪽에 있는 커다란 섬, 제주도는 다른 지역과 다른 기후를 갖고 있어. 수리적 위치와 난류의 영향도 있지만 사방이 바다로 둘러싸인 섬이라 따뜻한 해양성 기후를 갖고 있거든.

바다와 멀리 떨어진 내륙 지방은 일교차와 연교차가 큰 대륙성 기후를 띠지만, 해안은 육지에 비해 기온이 서서히 변하기 때문에 일교차나 연교차가 작은 해양성 기후를 띠지. 또, 해륙풍이 자주 불고, 바다에는 안개 끼는 날이 많단다.

제주도를 '삼다도'라고도 하는 걸 알고 있니? 돌, 바람, 여자, 이 세 가지가 많다고 해서 붙은 이름이지. 여기서 바람은 바로 바다와 육지의 기온차 때문에 부는 해륙풍을 말한단다.

4. 기후의 변화

1980년 이후, 이상 기후가 자주 나타나고 있어. 기후란 어느 지역에

서 30년 이상 관찰된 기상 요소의 평균 상태라고 했지? 그러니까 이상 기후란 30년 이상 일어나지 않았던 현상이 일어나는 거야. 심한 더위나 추위, 심한 비나 눈, 심한 가뭄이나 햇빛량 부족 등 다양한 이상 기후 현상이 나타나고 있단다.

이러한 기후 변화는 여러 가지 요인이 복잡하게 얽혀 생기기 때문에 정확한 원인을 알아내기는 힘들어. 태양 에너지와 같은 천문적 원인, 화산 활동이나 해류의 이변 같은 지구적 원인, 편서풍의 변화 등 대기권의 요인, 그리고 환경 오염 문제 같은 인위적인 요인 등이 모두 기후에 영향을 미치니까 말이야.

5. 지표 식물과 기후 변화

지표 식물이란 기후나 토양 등 자연 환경을 나타내는 표시가 되는 식물이야. 예를 들면, 무궁화는 서리를 예측하는 지표 식물이야. 무궁화가 첫 꽃을 피운 뒤 100일이 지나면 첫 서리가 내리거든. 그래서 무궁화를 지표 식물로 삼아, 겨울의 시작을 예측하고 농작물의 피해에 대비할 수 있지.

한편 치자나무는 장마를 예측하는 지표 식물이야. 치자나무의 첫 꽃이 피면 장마가 시작되고, 마지막 꽃이 지면 장마가 끝나지. 이처럼 식물이 환경에 민감하게 반응하기 때문에, 사람들은 기후 변화를 눈으로 확인하기 위해 식물을 활용하기도 해.

특정한 지표 식물이 아니더라도, 식물의 계절적인 변화를 살펴보면 기후 변화를 알 수 있어.

예를 들어, 3월 평균 기온이 올라가면 봄철 식물이 꽃을 피우는 시기가 앞당겨지고, 10월의 최저 기온이 높으면 가을철 식물의 단풍 시기가 늦어진단다.

1960년에서 2007년까지 47년 동안 개나리, 진달래, 벚꽃 등 봄철 식물 14종이 꽃눈을 내보인 발아 시기와 꽃봉오리가 핀 시기를 살펴보았어. 그랬더니 10년마다 봄철 식물이 꽃 피우는 시기가 1~4일씩 빨라졌고, 가을철 식물이 단풍 드는 시기는 2~4일씩 늦어지고 있단다.

기상청에서는 각 꽃들이 피는 시기를 예측해 꽃 지도를 만들기도 해. 그것을 보고 꽃이 피는 시기를 가늠하고 꽃놀이를 갈 수도 있지. 꽃봉오리의 봄눈이 트는 발아 시기와 꽃이 피는 개화 시기는 서해안보다 동해안이, 주변 도시보다 대도시가 빠르단다.

[한 뼘 지식]
우리나라의 각 지역별 집

우리나라는 지역별로 기후 차이가 심한 편이야. 남북으로 길어 위도 차이가 크고, 삼면이 바다로 둘러싸여 해양성 기후와 대륙성 기후를 보이기 때문이지. 그래서 집의 모양이나 내부 구조도 지역에 따라 다르단다.

먼저 북부 지방은 겨울이 길고 춥기 때문에 추위를 막는 집을 지어야겠지? 그래서 사람이 사는 공간, 물건을 저장하는 공간, 가축을 기르는 공간 등을 한 건물 안에 만들어 추

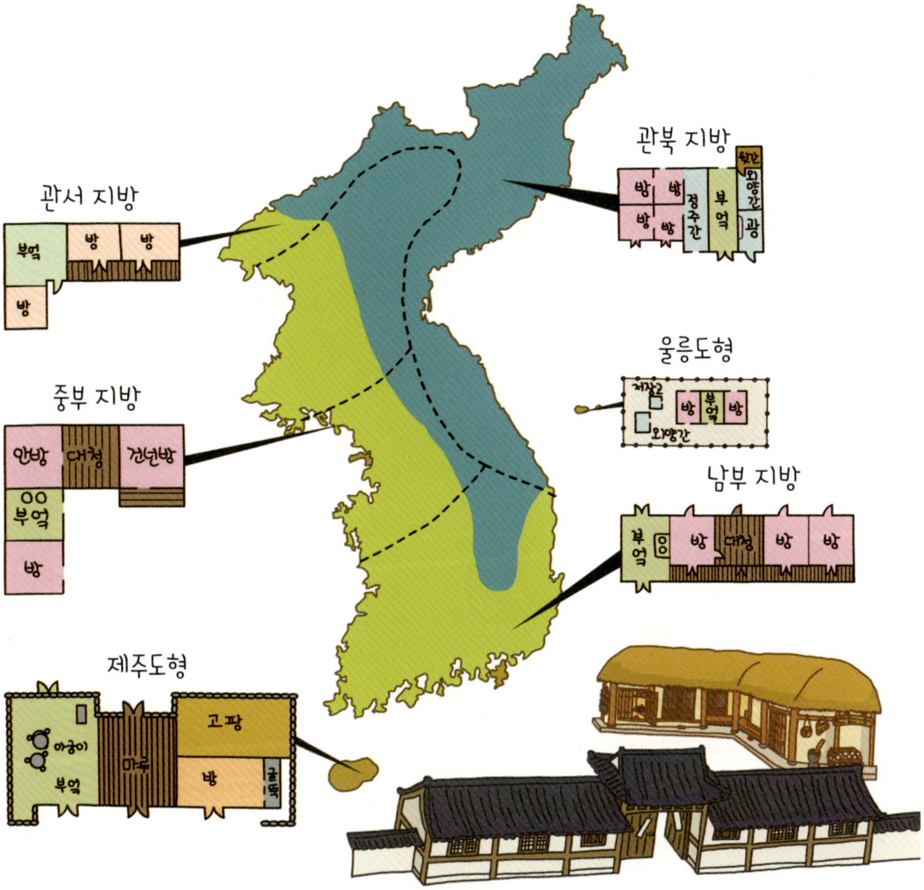

운 겨울에 집 밖으로 나가지 않고도 모든 일을 집 안에서 할 수 있도록 했어. 이런 형태의 집을 가리켜 집중형 주거라고 해.

반대로 남부 지방은 여름이 길기 때문에 더위를 막는 집을 짓지. 살림채와 나머지 공간을 나누고, 바람이 잘 통하도록 방들을 한 줄로 배치했지. 이런 형태의 집을 가리켜 분산형 주거라고 한단다.

중부 지방은 북부 지방과 남부 지방의 두 가지 형태가 절충된 형태로 집을 지어. 또한 바람이 많이 불거나 눈비가 많이 오는 지역에서는 그런 기후에 알맞은 집을 지었어.

예를 들어, 날씨는 따뜻하지만 바람이 많이 부는 제주도에서는 여러 채의 건물을 짓고 건물 주위로 돌담을 에워싸 한 채의 집처럼 만들었어. 돌담으로 거센 바람을 막기 위해서지. 이런 집을 돌담집이라고 해.

기후뿐만 아니라 그 지역에서 쉽게 구할 수 있는 재료도 집의 형태에 영향을 미친단다. 강원도 산간 지방 같은 곳에서는 벼농사를 짓지 않아 볏짚이 나지 않기 때문에 다른 지역처럼 초가집을 짓기 어려웠어. 그래서 지붕에 볏짚 대신 나무토막을 쪼갠 널을 덮어 집을 지었는데, 이런 집을 너와집이라고 한단다.

세계 여러 나라는 기후와 생활 방식에 따라 이동식 천막집이나 수상 가옥을 짓는 등 다양한 집을 발달시켜 왔잖아? 우리나라도 기후나 지역 특성에 맞추어 이처럼 조금씩 다른 집을 지었단다.

3장
우리나라 자연 지리 II
- 지형

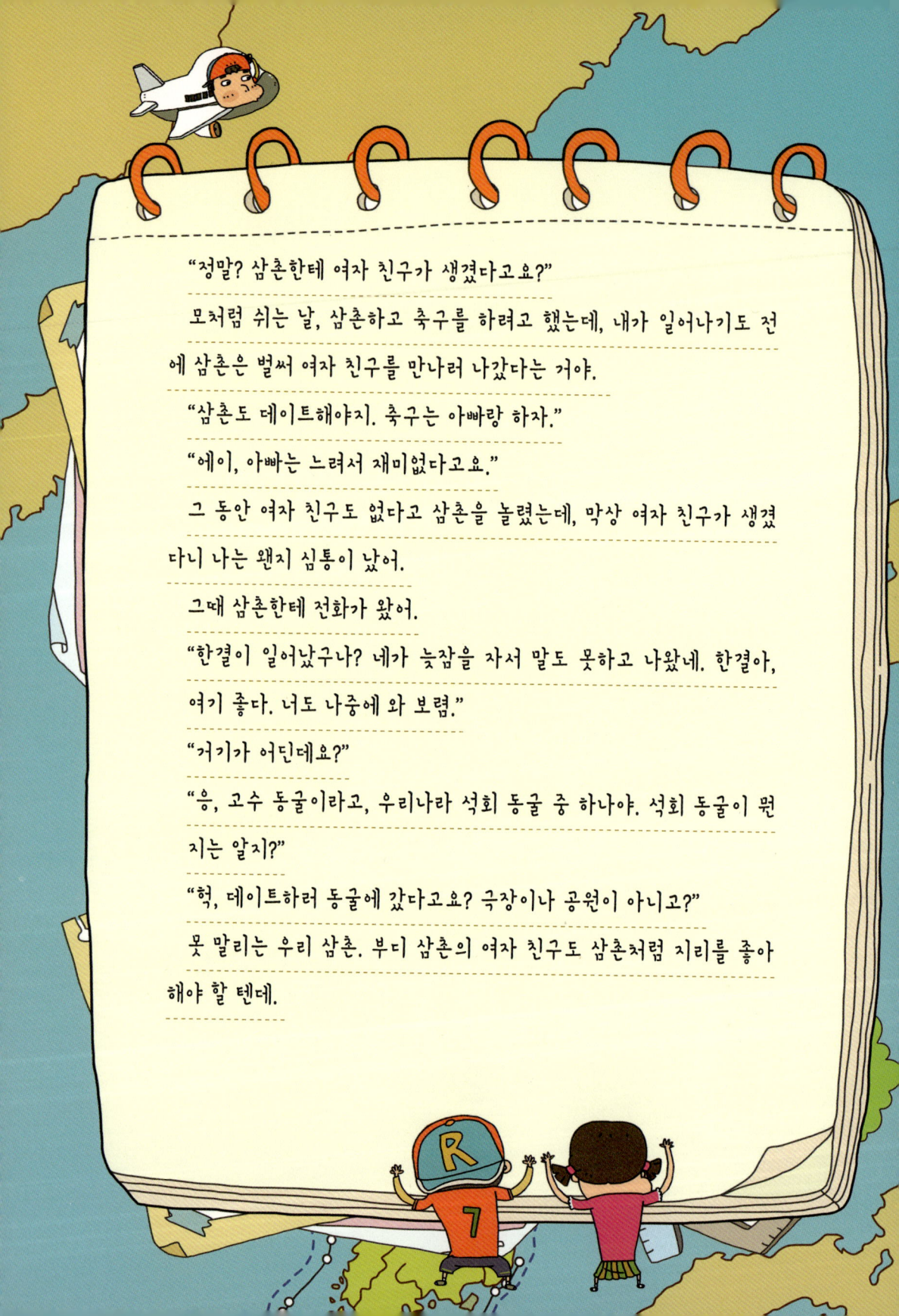

"정말? 삼촌한테 여자 친구가 생겼다고요?"

모처럼 쉬는 날, 삼촌하고 축구를 하려고 했는데, 내가 일어나기도 전에 삼촌은 벌써 여자 친구를 만나러 나갔다는 거야.

"삼촌도 데이트해야지. 축구는 아빠랑 하자."

"에이, 아빠는 느려서 재미없다고요."

그 동안 여자 친구도 없다고 삼촌을 놀렸는데, 막상 여자 친구가 생겼다니 나는 왠지 심통이 났어.

그때 삼촌한테 전화가 왔어.

"한결이 일어났구나? 네가 늦잠을 자서 말도 못하고 나왔네. 한결아, 여기 좋다. 너도 나중에 와 보렴."

"거기가 어딘데요?"

"응, 고수 동굴이라고, 우리나라 석회 동굴 중 하나야. 석회 동굴이 뭔지는 알지?"

"헉, 데이트하러 동굴에 갔다고요? 극장이나 공원이 아니고?"

못 말리는 우리 삼촌. 부디 삼촌의 여자 친구도 삼촌처럼 지리를 좋아해야 할 텐데.

1. 한반도 형성과 지형 특징

우리나라는 면적의 70%가 산지인데, 산이 높거나 험하지 않고 낮은 편이야. 오랫동안 지각 운동 없이 안정된 상태에서 비바람에 깎여 왔기 때문에 대체로 낮고 완만하단다. 대부분 산지이기 때문에 큰 평야는 드물고, 낮은 산지들 사이에 수많은 분지들이 발달되어 있어.

우리나라 산지는 북쪽으로 넓게, 그리고 동쪽으로 길게 있어. 그중

동쪽에서 우리나라의 등줄기를 이루는 태백산맥과 함경산맥은 동쪽으로는 좁고 급한 경사, 서쪽으로는 낮고 완만한 경사를 보이는 '동고서저' 지형이야. 그러니까 당연히 높은 동쪽에서 낮은 서쪽으로 하천이 흘러가겠지?

이처럼 높낮이가 다른 지형은 지구 표면을 이루는 지각이 생겨날 때 땅이 한쪽만 솟아오르거나 내려앉으면서 생긴 거야. 우리나라 북부 지방 역시 북동부는 높고 서부는 낮은 지형이란다.

그럼 우리나라에서 볼 수 있는 지형에 대해 하나하나 살펴볼까?

2. 화산 지형

화산 지형은 신생대 제3기말~제4기에 형성된 것으로, 백두산과 그 주변의 용암 대지, 신계·곡산 용암 대지, 철원·평강 용암 대지, 울릉도와 독도, 제주도에서 찾아볼 수 있어.

백두산과 그 주변의 용암 대지는 신생대 제4기에 용암이 밖으로 뿜어 나오면서 생겼어. '백두산'은 머리가 하얀 산이라는 뜻인데, 화산이 폭발할 때 수많은 하얀 경석들이 산 위에 생겼기 때문이야.

경석이란 화산의 분출물이 쌓이거나 용암이 갑자기 식어서 굳어진 가벼운 돌들을 말해. 또한 겨울에는 눈 때문에 산의 머리가 하얗게 보이지. 백두산 꼭대기에는 '천지'라는 호수가 있어. 화산 분화구에 물이 괴어서 생긴 호수라 화구호라고 부르지.

▲ 백두산 천지

  분화구 중에서도 넓게 움푹 팬 것을 칼데라라고 하는데, 백두산 천지는 바로 칼데라 호야. 칼데라는 대개 지하에서 많은 양의 마그마가 뿜어져 나온 뒤 그 자리가 꺼지면서 생긴단다.

  제주도는 주화산인 한라산을 비롯하여 400여 개의 기생 화산들로 이루어진 화산 지형이야. 기생 화산이란 큰 화산의 중턱이나 기슭에 생겨난 작은 화산으로, 측화산이라고도 해. 제주도에서는 '오름'이나 '악'이라고도 불러.

  한라산은 신생대 제4기에 일어난 화산 활동으로 만들어졌어. 제주도에는 금녕 사굴, 만장굴, 한림의 협재굴과 쌍용굴 등 용암 동굴도 있는데, 이런 용암 동굴은 용암이 흘러갈 때 외부와 내부의 냉각 차이로 생긴단다.

3. 카르스트 지형

석회암은 주성분이 탄산칼슘이야. 빗물 등 이산화탄소가 들어 있는 물은 탄산칼슘을 녹이기 때문에, 석회암 지대는 오랜 세월 물에 녹으면서 여러 가지 모양의 지형을 갖게 돼. 이것을 카르스트 지형이라고 한단다.

즉, 석회암의 주성분인 탄산칼슘과 이산화탄소가 녹은 물로 이루어진 지형이지. 카르스트 지형은 고생대 조선계 지층(약 5억 년 전)에 잘 발달되어 있어.

카르스트 지형에는 어떤 것들이 있을까? 가장 흔한 카르스트 지형으로는 '돌리네'가 있어. 석회암 중 갈라진 틈으로 이산화탄소가 포함된 빗물이 스며들면, 석회암의 탄산칼슘이 녹으면서 깔때기 모양의 웅덩이가 생겨. 이게 바로 돌리네인데, 돌리네는 한 지역에서 여러 개가 생기는 경우가 많아. 돌리네의 지름과 깊이는 1미터부터 100미터에 이르기까지 다양하단다.

돌리네는 둥글거나 타원 모양으로, 주변보다 낮은 곳에 위치하기 때문에 이곳으로 지표수가 모여들게 돼. 하지만 물이 나가는 출구가 없

▲카르스트 지형

어 지하로 스며들게 된단다. 이 스며드는 구멍을 싱크홀이라고 해. 싱크홀을 우리나라 관서 지방에서는 덕, 강원도 평창군 대화 지방에서는 구단, 삼척 지방에서는 움밭, 충북 단양 지방에서는 못밭이라고 불러.

우리나라의 대표적인 돌리네 지역으로는 단양의 매포, 영월의 서면, 삼척의 여삼 지방이 있단다.

돌리네가 물에 녹아 2개 이상 연결되면, '우발레' 또는 '우발라'라고 해. 물이 스며드는 구멍이 2개 이상 있으니 크기도 돌리네보다 훨씬 크겠지? 큰 것은 1킬로미터를 넘을 정도로 아주 커. 우발레에는 흙이 생겨 농사를 짓는 경우도 많단다.

돌리네와 우발레가 여러 개 합쳐지면, 석회암 지역에 넓게 움푹 파인 곳이 생겨. 이것을 '폴리에'라고 하는데, 사람들이 살면서 농사를 짓기에도 좋은 땅이 되지. 폴리에 밑바닥에 계곡이 생기기도 하고 하천이 생기기도 하니 물을 끌어 쓰기도 좋거든. 충청도 단양군 매포 근방에서는 폴리에를 '여우내'라고 부른단다. 예쁜 이름이지?

뭐니뭐니 해도 카르스트 지형 가운데 가장 알려져 있는 것은 석회 동굴이야. 오랜 세월 동안 암석의 틈을 따라 스며든 지하수가 석회암을 녹여서 만들어진 동굴이지. 석회 동굴이 만들어진 뒤에도 바위 틈으로 스며든 빗물은 동굴의 바닥을 따라 흘러가기도 하고, 천장에서 떨어지거나 벽면에서 흘러나오기도 해. 그러면서 신기한 모양의 종유석, 석순, 석주 등이 만들어져.

종유석은 천장에 고드름처럼 매달린 길쭉한 석회암 막대를 말해. 석순은 지하수에 녹은 석회암이 바닥에 한 방울씩 떨어져 대나무순 모양으로 쌓인 것을 가리키지. 그리고 이들 종유석과 석순이 하나로 이어진 기둥을 석주라고 한단다.

석순과 종유석은 일 년에 겨우 0.1mm 정도밖에 자라지 않아. 그 때문에 1미터의 종유석이나 석순은 생긴 지 1만 년쯤 된 거야. 그러니까 석회 동굴로 놀러 가서 신기하다고 종유석이나 석순을 뚝뚝 잘라 오면 안 되겠지? 상상할 수 없을 만큼 오랜 세월 동안 그 자리를 지킨 것들을 우리도 지켜 줘야지.

옛날에 석회 동굴은 주거지나 피난지로 쓰이기도 했는데, 지금은 주로 관광지로 사랑받는단다. 신기한 모양의 석순과 종유석도 구경하고, 더위도 피할 수 있기 때문이지. 우리나라 석회 동굴로는 단양의 고수 동굴과 천동굴, 울진의 성류굴, 영월의 고씨 동굴 등이 있단다.

4. 충적 평야

충적 평야는 하천이 실어다 준 흙이나 모래가 쌓여서 생긴 평야로, 퇴적 평야라고도 해. 위치에 따라 선상지, 범람원, 삼각주가 있어.

선상지는 하천의 상류, 경사가 심하다가 갑자기 완만해지는 계곡의 입구에 생겨. 하천이 흐르던 속도가 느려질 때 물에 쓸려오던 흙이나 모래를 내려놓게 되거든.

선상지는 꼭대기 부분인 선정, 가운데 부분인 선앙, 맨 끝 부분인 선단으로 이루어져. 선정에는 커다란 돌, 선앙에는 그보다 작은 돌, 선단 부분에는 점토질이 차례로 쌓이지. 물을 구하기 쉬운 선정 부분의 계곡 입구에는 사람들이 모여 살고, 선앙 부분은 밭과 과수원으로 이용돼. 선단 부분에는 땅속에서 흐르던 물이 솟아나는 용천대가 생기고 물을 구하기 쉽기 때문에 사람들이 모여 살면서 논농사를 짓는단다.

우리나라에서는 선상지가 많이 발달되지 않았어. 왜냐하면 선상지는 높은 산과 평야가 만나는 곳에서 발달하는데, 우리나라 산은 낮고 험하지 않기 때문이야. 선상지는 일본에 많이 발달해 있단다.

범람원은 이름 그대로 하천이 범람할 때, 즉 하천이 넘쳐 흐를 때 생겨. 홍수가 나면 하천이 많은 흙이나 모래를 나르게 되겠지? 그러다가 하천이 평상시의 물길에서 넘쳐 범람하여 평야로 흐르게 되면서 물의 속도가 느려져. 이때 물에 쓸려오던 흙이나 모래를 하천의 양쪽 기슭에 쌓게 된단다.

그중 모래나 자갈은 가까이에 자연 제방을 쌓고, 더 잘고 고운 물질은 더 멀리까지 운반되어 배후 습지를 이루게 돼. 모래와 자갈 따위로 이루어진 자연 제방은 물이 잘 빠지고 지면이 높은 편이라, 사람들이 모여 살며 과수원이나 밭으로 이용해. 지면이 높으면 홍수가 잘 나지

않기 때문에 사람들이 모여 사는 거야.

한편 점토질로 이루어진 배후 습지는 지면이 낮고 물이 잘 빠지지 않기 때문에, 배수 시설을 만들고 논으로 이용하지. 우리나라는 여름에 비가 많이 오고 홍수가 잦아서 대부분의 하천에 범람원이 생긴단다.

삼각주는 하천의 하류 부근에 생겨. 하천이 바다를 만나면서 물의 속도가 느려지기 때문에 알갱이가 아주 작은 토사가 쌓여서 생긴단다. 기름진 땅이라 주로 논으로 이용되고 자연 제방에는 사람들이 모여 살아. 삼각주는 주로 토사 공급량이 많고 조차가 작은 곳에 생겨.

조차는 밀물과 썰물 때의 해면 높이의 차이를 말하는데, 조차가 크면 기껏 쌓인 토사 같은 물질들이 다시 깎이기 때문에 삼각주가 생기지 않지. 우리나라 서해안은 토사 공급량은 많지만 조차가 크기 때문에 삼각주보다는 갯벌이 발달했어. 동해안은 하천 길이가 짧아서 토사 공급량이 적고 물의 깊이가 깊어서 삼각주가 발달되지 못했지.

우리나라에서는 남해안의 낙동강 하류 김해평야에서 삼각주를 볼 수 있어. 세계적으로는 긴 하천 하류의 조차가 작은 지역에서 찾아볼 수 있는데, 나일 강, 미시시피 강, 갠지스 강, 메콩 강의 삼각주 등이 대표적이란다.

나일 강의 삼각주는 한쪽이 둥글지만 삼각형 모양인데, 미시시피 강의 삼각주는 그 이름과 달리 삼각형이 아니란다.

▲ 김해평야의 삼각주

5. 침식 분지

침식이란 비, 바람, 강물 등에 의해 지표가 점점 깎이는 걸 말해. 침식 평야는 아주 오랫동안 침식 작용을 받아 평평해진 지형이야. 그중 대표적인 것이 침식 분지인데, 침식 평야 중 주위가 산으로 둘러싸인 평평한 땅을 말해. 하천 중상류나 하천이 서로 만나는 곳에 발달하지. 하천을 통해 물을 구하기 쉽기 때문에 농사를 짓고 사람들이 모여 살기에 좋아. 그래서 지방의 중심지로 발달한 곳이 많단다.

소양강과 북한강이 합류하는 춘천, 남한강과 달천이 합류하는 충주, 낙동강이 흐르는 안동, 낙동강과 금호강이 합류하는 대구, 요천이 흐

▲강원도 양구 펀치볼

르는 남원 등이 대표적이야.

　강원도 양구 해안면에는 '펀치볼'이라고 하는 해안 분지가 있는데, 세계 3대 침식 분지 가운데 하나란다. 6·25 전쟁 때 취재 왔던 외국 기자들이 오목하게 들어간 독특한 지형을 보고, 음료의 일종인 펀치를 담는 그릇처럼 생겼다고 붙인 이름이란다. 우리말로 바꾸어 보면 화채 그릇이나 빙수 그릇쯤 될까?

 **6. 해안 지형**

우리나라는 삼면이 바다로 둘러싸여 있어 다양한 해안 지형을 볼 수

있어. 먼저 해안선이 단순한 동해안에는 섬이 별로 없고, 해안을 따라 모래 언덕이 발달되어 있어. 이런 모래 언덕을 사구라고 해. 또, 경포와 화진포 등지에서는 바다와 분리되면서 생긴 호수를 볼 수 있는데, 이런 호수를 석호라고 한단다.

동해안에는 모래 해안과 암석 해안이 번갈아 나타나는데, 암석 해안 절벽에서는 타포니도 볼 수 있어. 타포니란 암석 절벽에 벌집처럼 숭숭 뚫린 구멍을 말해. 풍화 작용에 의해 암석 절벽이 움푹 패이고 구멍이 생긴 거지.

남해안은 해안선이 매우 복잡한 리아스식 해안이 발달되어 있어. 리아스식 해안은 과거 V자 계곡이었던 해안이야. 빙하기가 끝나면서 높은 곳은 섬이나 해안이 되고, 낮은 곳은 물에 잠기면서 생긴 지형이지.

▲리아스식 해안

이러한 리아스식 해안에는 섬이 많아. 우리나라 남해안 서쪽으로는 약 2,000개나 되는 섬들이 있지. '다도해'라는 이름에 걸맞게 정말 섬이 많지?

서해안도 복잡한 리아스식 해안이고, 해안을 따라 넓은 평지가 발달되어 있어. 서해안은 조차가 매우 커서 8.5미터 이상인 곳도 있단다. 서해안에는 갯벌이 발달했는데, 최근에는 간척 사업으로 그 면적이 줄어들고 있어. 또한 곳에 따라 사빈 해안이나 사구도 볼 수 있어. 사빈 해안이란 파도에 실려 온 모래가 쌓여 이뤄진 해안 지형을 가리킨단다.

7. 해안 지형의 종류

그럼 우리나라의 대표적인 해안 지형에 대해 하나하나 알아볼까? 우리나라에는 암석 해안, 모래 해안, 갯벌 등이 있어. 우리나라 동해안에서는 모래 해안과 암석 해안을, 서해안에서는 갯벌을 많이 찾아볼 수 있지.

암석 해안은 파도의 침식 작용으로 만들어져. 파도에 깎여 생긴 바닷가 절벽을 '해안 절벽', 또는 '해식애'라고 불러. 이런 해안 절벽에 파도의 침식으로 동굴이 생기면 '해식 동굴'이 되는 거지. 또, 해안 절벽 아래에 있는 바다의 평평한 대지는 '파식대'라고 해.

그리고 지반이 솟아오르거나 해수면이 내려가면 바다 밑의 평평한

▲ 암석 해안

지형이 바다 위로 올라와 계단 모양의 지형을 만들기도 하는데, 그것을 '해안 단구'라고 해.

  해안 단구는 동해안 곳곳에서 볼 수 있는데 특히 강릉에서 울산에 걸쳐 많이 찾아볼 수 있지. 해안 단구는 평탄해서 농경지나 교통로로 이용되거나 사람들이 모여 살기도 한단다. 해안 절벽, 해식 동굴, 파식대, 해안 단구 등이 있는 암석 해안은 경관이 아름다워 관광 명소가 된 곳이 많아. 해안 단구는 동해안 외에도 울릉도, 전남의 홍도, 흑산도, 거제도의 해금강, 양양의 낙산사, 부산의 태종대 등에도 있단다.

  모래 해안은 하천에 실려 온 물질이나 파도에 의해 부서진 모래가 해안에 쌓여 생겨. 우리나라 동해안에는 모래 해안이 많지만 서해안에

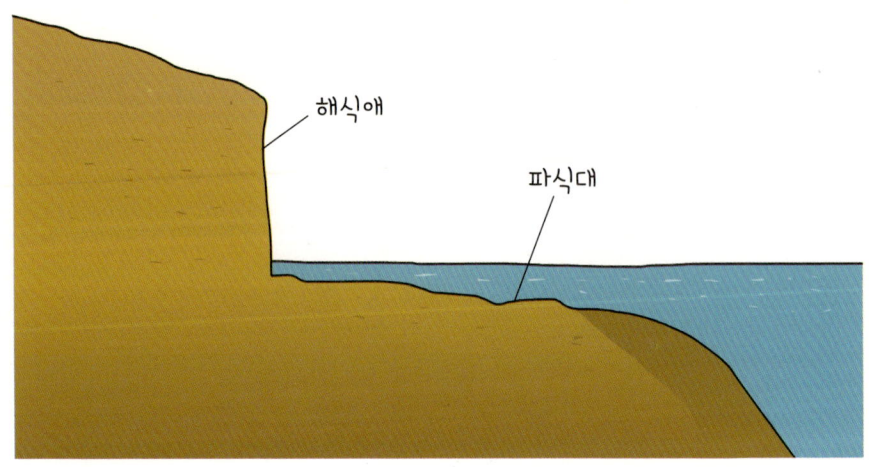

▲해식애와 파식대

 는 모래 해안이 그리 많지 않아. 왜냐하면 서해안으로 이어지는 하천의 길이가 길고 조류의 영향이 강해서 운반되는 물질이 대부분 모래보다 훨씬 작은 알갱이들, 즉 점토 같은 것들이기 때문이야.

 하지만 동해안으로 이어지는 하천은 대개 길이가 짧고 조류 영향도 적기 때문에 모래가 해안까지 잘 운반될 수 있지. 그리고 파도가 해안의 암석을 잘게 부숴 모래가 만들어지기도 한단다.

 동해안에서 모래 해안과 암석 해안의 경계가 되는 곳은 삼척시야. 삼척시 북쪽으로는 모래 해안이 많고, 그 아래쪽으로는 암석 해안이 많거든. 삼척시 위쪽으로는 모래를 실어나르는 하천이 발달되어 있지만, 삼척시 아래쪽으로는 하천이 적고 융기량이 커서 암석 해안이 발달했기 때문에 이런 현상이 생긴 것이란다.

▲해식애

▲파식대

융기란 바다 밑의 지면이 바닷물 위로 솟아오르는 현상인데, 우리나라는 남동쪽에서 융기가 많이 일어나고 있어.

갯벌은 썰물 때 드러나고 밀물 때 잠기는 해안 퇴적 지형이야. 갯벌은 밀물과 썰물의 차이가 크고 하천이 많은 양의 흙을 실어오는 곳에 생기고, 바다에서 파도에 실려 온 미세한 흙이 섬, 반도, 만으로 가로막혀 잔잔하고 후미진 곳에 쌓이면서 만들어진단다.

숲은 지구의 허파이고, 갯벌은 바다의 허파라는 말 들어 봤니? 우리 몸의 허파는 숨을 쉬게 해 주는 중요한 기관이잖아? 그 정도로 갯벌은 중요한 역할을 해.

우선 갯벌은 물을 저장하고 물의 흐름을 늦춰 주기 때문에 홍수를 막아 줘. 물이 갯벌 속으로 스며들 때면 필터처럼 물을 깨끗하게 걸러 주지. 기온이 높으면 갯벌이 열을 흡수하고 기온이 낮으면 열을 내뿜어 주변 온도도 알맞게 조절해 준단다. 게다가 갯벌은 여러 곤충, 어류, 양서류 등 생물이 살아가는 터전이야. 멸종 위기의 생물도 많이 살지.

그뿐인 줄 알아? 바닷가에 있는 갯벌은 사람들이 찾아가 즐기며 쉴 수 있는 관광지로도 사랑받고 있단다. 간척지, 조개나 굴의 양식장, 염전으로도 이용되어 사람들에게 실제적인 도움도 주고 말이야. 우리나라 서해안 섬에 있는 갯벌은 세계 3대 갯벌에 속할 만큼 그 가치를 인정받고 있어.

예전부터 해안 지역은 주로 어업 활동의 중심이었고, 일부 평야가 있는 해안 지역에서는 농업 활동도 함께 이루어졌어. 오늘날에는 잡는 어업보다는 기르는 어업인 양식업이 증가하고 있지. 그리고 어업과 농업 활동 외에도 다양한 활동이 이루어지고 있단다.

　해안 지역은 아름다운 경치와 물놀이를 할 수 있는 바다, 싱싱한 해산물 등이 있어 인기가 높은 관광지야. 그 밖에도 원료의 수입과 제품의 수출에 유리한 항구를 갖춘 해안 지역 중에는 공업 지역으로 바뀐 곳도 있단다. 서해안이나 남동 임해 공업 지역 등이 그렇지. 공업 지역에 대해서는 뒤에서 더 알아보도록 하자.

[한 뼘 지식]
바닷가에 있는 소금밭, 염전

우리나라 바닷가에 염전이 발달했다고 했지? 우리나라 염전은 저수지, 누테, 난지, 결정지 등으로 이루어져 있어. 저수지에서 바닷물을 받아, 누테와 난지에서 증발시키는 거지. 누테와 난지는 각각 6단의 증발지로 되어 있는데, 1단씩 올라갈 때마다 점점 더 짠맛을 갖게 된단다. 마지막 단계인 결정지는 짠 소금물을 소금 결정으로 넘어가게 하는 곳이지.

우리나라는 조선 말기까지는 바닷물을 직접 가마솥에 넣고 끓여서 소금을 만들었어. 이것을 '전오 제염법'이라고 해. 당시 소금 생산량은 약 15만 톤 정도였대. 이것은 우리나라 사람들이 쓰기에는 턱없이 부족한 양이어서, 대부분 중국으로부터 수입해서 먹었단다.

그러다가 1907년에 대한 제국은 인천의 주안에 우리나라 최초의 천일 제염법을 이용한 염전을 만들었어. '천일 제염법'이란 염전에 바닷물을 끌어들여 나가지 못하게 막아놓고, 햇빛과 바람의 힘으로 바닷물을 증발시켜 소금을 만들어 내는 거야. 비가 오는 횟수와 비의 양이 적고 공기가 건조한 지역에 알맞은 방법이지. 평균 기온이 25도 안팎의 날씨면 좋아.

우리나라에서는 서해안, 그중에서도 특히 강화, 남동, 신안 등에 염전이 발달했지. 이처럼 천일 제염을 하면서 우리나라 소금 생산이 크게 늘었단다.

그럼 소금의 종류를 알아볼까?

먼저 '천일염'은 천일 제염법으로 만들어 낸 뒤 가공하지 않은 소금을 말해. 굵고 반투명한 육각형 결정을 갖고 있지.

'가공염'은 소금을 볶거나 태우거나 식품 첨가물을 더해 가공한 거야. 구운 소금, 죽염 등이 바로 가공염이지. 죽염은 대나무 통 속에 천일염을 넣고 가마에서 아홉 번을 구워서 만든대. 소금 하나를 만드는 데에도 대단한 정성이 들어가지?

'재제염'은 천일염을 깨끗한 물에 녹여 더러운 것들을 없애고 다시 가열해서 만든 거야. 결정 모양이 눈꽃 모양이어서 '꽃소금'이라고도 하지. 천일염보다 하얗고 알갱이 크기가 작아. 부엌에서 요리할 때 가장 흔히 쓰이는 소금이란다.

'정제염'은 바닷물을 전기로 분해해서 중금속 등 몸에 해로운 것과 더러운 것을 없애고 얻어낸 소금이야. 기계로 만들기 때문에 '기계염'이라고도 해.

'암염'은 다이아몬드 같은 결정을 갖고 있어. 대부분 색깔이 없고 투명하지만, 노랑, 빨강, 파랑, 보라색을 띠기도 해.

유럽, 북아메리카, 중국, 파키스탄 등에서 생산되는 암염은 먹을 수도 있지만, 소다의 원료가 되거나 공업에 쓰이는 등 다양한 용도를 갖고 있단다.

음식을 썩지 않게 하고 맛도 내 주는 소중한 소금은 이렇게 만들어지고 쓰인단다.

4장
우리나라 인문 지리 I
-산업과 교통

"윽, 아빠! 화장실이 급하다고요. 속도 좀 내세요!"

"이 녀석, 그러니까 미리 화장실 다녀오라고 했잖아. 길이 막히는 걸 어쩌라고."

시골 할아버지 댁에 가는 길, 도로가 자동차들로 꽉 찼어. 내 오줌보도 꽉 찼고.

조금만 더 참자! 조금만, 조금만 더!

휴, 마침내 휴게소에 다다랐어. 화장실에 다녀오니 노랗던 하늘이 다시 파랗게 보였어.

"어서 가자. 차가 막히니 서둘러야 해. 할아버지 할머니 기다리실 텐데."

"할아버지 댁은 너무 멀어요. 좀 가까우면 좋을 텐데."

"녀석도. 예전엔 자가용이 없어 기차나 시외버스를 타고, 또 시내버스로 갈아타고 가느라 얼마나 시간이 오래 걸렸는 줄 아니? 양손에 짐까지 들고. 지금은 정말 빠르고 편하게 가는 거야."

아빠 말씀에 삼촌도 거들었어.

"맞아. 우리나라가 교통 발달로 일일생활권이 된 것도 그리 오래된 일이 아닌데, 이제는 지구촌이 일일생활권인 셈이니까."

 1. 교통

우리나라 도로 교통의 역사를 살펴볼까. 조선 시대에는 벼슬아치들이 역마를 타고 다니던 역로, 일제 강점기에는 자동차가 다닐 수 있도록 만든 신작로, 1950~60년대에는 군사, 산업 도로가 만들어졌어. 그러다가 1970년대에 와서야 비로소 고속 도로와 포장 도로를 통해 보통 사람들도 편리한 도로 교통을 이용하게 되었지.

철도 교통을 살펴보면, 일제 강점기에는 X자형 철도, 1960년대에는 산업 철도가 생겼어. 그러다가 1970년대에 오면서 전기를 이용하는 전철이 생기고 복선화되면서 철도 교통이 발전을 이루었지. 복선화란 가고 오는 열차가 따로 다닐 수 있도록 두 가닥 이상으로 철로가 깔리는 걸 말해. 최근에는 고속 철도까지

교통이 이렇게 발달했구나.

이용할 수 있단다.

옛날에는 서울을 떠나 지방으로 가려면 오랜 시간이 걸렸어. 그러다가 1970년 경부 고속 도로가 생기면서 전 국토가 일일생활권이 되었고, 2004년 고속 철도가 개통되면서 전 국토가 반나절 생활권으로 더욱 가까워졌어. 반나절이면 우리나라 어디라도 갈 수 있게 된 거야.

이렇게 교통의 발달로 이동 시간이 감소하여 지역 간의 시간 거리가 줄어들고, 서로 떨어져 있던 지역들이 새로운 교통로를 통해 연결되면서 일상생활을 같이하는 생활권을 형성하게 되었어.

예를 들면 통학권과 통근권이 이전보다 훨씬 넓어졌단다. 예전에는 회사가 멀면 무조건 가까운 곳으로 이사를 해야 했는데, 요즘에는 서울에서 천안 등 다른 도시로도 KTX를 타고 출퇴근을 하기도 해.

교통의 발달로 지역 간 이동이 편리해지면서 관광 산업도 더욱 활성화되고 있어. 관광 산업은 굴뚝 없는 공장이라고도 불려. 그만큼 많은 일자리가 생기고 호텔 등 숙박 시설이나 여러 가지 관련 산업도 발달하게 되니까 말이야.

이처럼 관광 산업은 지역 경제에 중요한 역할을 할 뿐만 아니라, 우리나라의 자연 환경 및 문화를 세계에 알리는 역할도 한단다.

교통 수단과 시설의 발달은 교통망의 발달을 가져오고, 이를 통해 사람과 물자 등 자원이 활발하게 이동하면서 산업화와 도시화가 더욱 촉진되었지.

2. 자원이란?

교통의 발달로 자원의 이동이 더욱 활발해졌다고 했지? 그런데 자원이란 무엇일까? 자원은 인간이 생활을 유지하고 발전시켜 나가는 데 유용하게 쓰일 수 있는 모든 것을 말해. 인간의 기술로 개발과 이용이 가능해야 자원이라 할 수 있는데, 이것은 시간과 공간, 경제적 여건, 과학 기술의 발달, 문화적 차이 등에 따라 달라져.

자원의 종류로는 크게 천연 자원과 인적 자원을 들 수 있어. 천연 자원은 다시 재생 자원과 비재생 자원으로 나뉘어. 재생 자원은 태양열, 물 등 순환을 통해 끊임없이 만들어지는 자원이야. 반대로 비재생 자원은 석탄, 석유, 철광석 등 한번 쓰면 다시 쓸 수 없는 자원이지. 그러니까 계속 쓰다 보면 언젠가는 비재생 자원을 다 써 버리고 말겠지?

한편 인적 자원은 사람의 노동력과 기술을 가리켜. 전통, 제도, 종교, 예술 등 문화적 자원도 인적 자원에 포함된단다. 자원은 지역에 따라 다르게 분포되어 있고, 활발하게 이동하고 있어.

그중에서도 사람들의 생활에 가장 직접적으로 필요한 식량 자원, 동력 자원, 광물 자원에 대해 알아볼까?

먼저 주요 식량 자원으로는 쌀, 밀, 옥수수 등 곡물과 육류가 있어. 고온 다습한 기후에서 재배하는 쌀은 생산지와 소비지가 거의 비슷해서 국제적으로 이동량이 적은 편이야. 하지만 강수량이 적고 서늘한 지역에서 재배하는 밀은 신대륙에서 구대륙으로, 남반구에서 북반구로 이동하지. 옥수수와 쇠고기는 미국, 아르헨티나, 오스트레일리아 등 신대륙에서 전 세계로 이동한단다.

주요 동력 자원 중 석탄은 매장량이 풍부하며 전 세계에 고르게 분포되어 있어. 하지만 석유는 매장량의 60퍼센트가 서남아시아에 집중되어 있기 때문에 국제적인 이동량이 많아. OPEC(석유수출국기구)이 국제 시장 가격에 영향을 미친단다.

광물 자원 가운데 근대 공업의 기초 원료인 철광석은 세계적으로 널리 매장되어 있어. 전기 공업에 꼭 필요하기 때문에 수요가 늘어나고 있는 구리는 칠레, 미국, 러시아 등에 매장되어 있지. 그리고 알루미늄 공업의 원료인 보크사이트는 오스트레일리아, 기니, 자메이카 등에 많이 매장되어 있단다.

특정한 자원을 많이 가진 나라들은 서로 힘을 모아 자국의 이익을 보호하려고 하는데, 이것을 '자원민족주의'라고 해. OPEC(석유수출국기구)이 대표적이지.

산업화와 인구 증가로 자원 소비량이 크게 늘어나고 있어. 자원을 다 써 버릴 때까지의 기간을 '가채 연수'라고 하는데, 그 기간도 점점 짧아지고 있지. 그래서 소비 절약, 재활용 등과 같은 개인의 작은 노력에서부터 새로운 매장 지역을 찾거나 대체 자원을 개발하는 국가적 노

력까지 다양한 노력이 필요하단다.

 3. 우리나라의 산업 발달

산업이란 인간의 생활을 경제적으로 풍요롭게 하기 위해서 재화나 서비스를 생산하는 활동이야. 그럼 우리나라에서는 어떤 산업이 어떻게 발달해 왔을까?

우리나라의 농업

우리나라는 예로부터 농업이 주된 산업이었어. 일제 시대에는 일본이 '미곡증산 운동'이라는 이름하에 우리나라에서 생산한 쌀을 일본이 빼앗아 갔어. 이때부터 농업에 화학 비료와 농약을 들여와 쓰기 시작했고, 일본산 제초기나 탈곡기 등 농기계도 들여왔어. 그리고 여러 종류의 과일 씨앗도 들여와 우리나라에서 직접 재배하게 되었단다.

일본으로부터 독립한 뒤에도 6·25 전쟁이 일어날 때까지 우리나라 인구의 3분의 2가 농업에 몸담고 있었어. 하지만 인구가 워낙 빠르게 늘어나는 바람에 농업 생산량이 그에 따르지 못해 식량이 부족했단다.

'보릿고개'란 말 들어 봤니? 쌀 등 가을 곡식을 거둬들인 지 한참 지나 묵은 곡식은 다 떨어졌는데, 보리가 여물지 않아 먹을 것이 없어 굶어야 했던 시기를 가리키는 말이야.

음력 3, 4월쯤이 보릿고개였는데, 사람들은 이때를 견디기 위해 풀

뿌리나 나무껍질 등 무엇이라도 먹어 주린 배를 채우며 겨우겨우 살아 갔단다. 그리 먼 옛날도 아닌데, 먹을 것이 풍성해서 반찬 투정을 하는 아이들이 많은 요즘과 비교하면 상상이 되지 않지?

그러다가 1962년부터 경제개발 5개년 계획이 시작되면서 식량 부족 현상은 차차 해결되었어.

1980년대 이후 현재에 이르기까지 농업 인구는 빠르게 줄어들고 있어. 공업이 발달하고 건설업 등 다른 산업들이 발달하면서 사람들은 도시로 모여들었어. 농사를 짓는 사람들이 계속 줄어들자 농촌에서는 부족한 일손을 메꾸기 위해 농기계 사용을 늘리면서 농촌 기계화가 시작되었단다.

사람과 가축의 힘 대신 기계의 힘으로 농사를 짓게 되면서, 농업은 점점 현대화되었어. 농기계로 농사짓기 편리하도록 논밭의 구획을 반듯하게 정리하고, 옛날처럼 비에만 의지하지 않고 농업 용수를 쉽게 끌어다 쓸 수 있게 만드는 등 여러 가지가 바뀌었지.

그뿐만 아니야. 비닐이나 플라스틱으로 만든 하우스를 이용해 계절과 상관없이 다양한 농작물을 키울 수 있어. 그 덕분에 사시사철 싱싱한 과일과 채소를 먹을 수 있게 되었지. 이처럼 현대적 기술과 시설, 새로운 장비를 이용해 대규모 농장을 운영하는 것도 가능해졌단다.

우리나라의 수산업

삼면이 바다인 우리나라에서는 옛날부터 수산업도 발달했어. 수산업이란 물속에 사는 생물을 생활에 이용하는 산업이야. 잡는 어업, 기르는 양식업, 수산물 가공업이 모두 수산업에 속하지.

1960년대까지는 옛날부터 전해 내려오는 전통적인 방법으로 물고기를 잡았어. 엔진이 없는 작은 배를 타고 나가 그물 따위를 이용해서 손수 물고기를 잡는 거지.

그러다가 1960년대 이후 경제개발 계획을 통해 농업과 어업 등 1차 산업에 대한 투자가 많이 이루어지면서 수산업이 발전했어. 일본에서 기술을 들여오고 수산물을 수출하여 외화도 벌여들였지. 김이나 미역 등 해조류 양식도 외화벌이에 한몫했단다.

1970년대에는 수산물 소비가 점점 늘어나면서 가까운 바다는 물론 먼 바다까지 나가는 원양 어업의 오대양 진출이 시작되었어. 조개류 양식 기술을 들여오면서 양식업도 더욱 발달했단다.

1980년대에는 이웃 나라들이 어업 활동 규제에 나서면서 수산업 발달이 주춤했어. 대신 어선을 더욱 크게 만들고 양식어장 개발에 집중했지. 이 시기에 어류 양식 기술도 들여왔단다.

1990년대에는 수산 자원을 지나치게 마구 잡아들이고 환경 오염이 심해지면서 수산업 생산이 줄어들었어. 우리나라는 한일·한중 어업

협정을 통해 어업 활동과 어획량 등에 규제가 까다로워져서 수산업 발달이 쉽지 않은 상황이 되었단다.

우리나라의 공업

우리나라의 공업 발달은 식민지 시대로 거슬러 올라가면 일본이 벌인 전쟁에 쓰일 무기와 간단한 생활용품을 만드는 수공업 수준이었어. 경제 성장이 이루어질 수 없는 상황이었지.

그 뒤 6.25 전쟁이 터지고, 전쟁이 끝난 뒤에도 기존의 수공업과 생필품 제조 등 가내 공업이 섞인 공업의 초보 단계를 벗어나지 못했지. 전쟁으로 모든 것이 폐허가 된 이 시기에는 극심한 가난 속에서 외국의 구호 물자 도움을 많이 받았어.

그러다가 1962년 경제개발 5개년 계획이 시작되었어. 1991년까지 6차에 걸친 경제개발 5개년 계획을 거치면서 우리나라 공업은 놀라운 발전을 이루었단다. 1962년 전까지는 농업, 어업, 임업 등 1차 산업이 주를 이루며 공업은 가내 수공업 수준으로 이루어졌어. 이 시기에는 늘 식량 부족에 시달렸지.

그러나 1962년 이후 경공업부터 시작해 공업화의 기초를 마련하고, 고속 도로를 만들어 산업화의 기초를 마련했어. 경공업이란 식품, 인쇄, 장난감, 가발, 섬유, 시멘트, 비료, 정유 등의 공업을 가리켜.

1970년대에서 1980년대에 이르기까지 1차 산업이 차차 쇠퇴하면서

2차 산업인 공업과 3차 산업인 서비스업이 발전하기 시작했어. 공업은 경공업에서 중화학 공업, 그리고 첨단 산업의 순서로 발달했지. 중화학 공업은 건설, 석유, 전자, 제철, 조선, 정밀 기계, 자동차 등의 공업을 가리켜.

1990년대 이후로는 첨단 산업과 서비스업이 크게 발달했어. 첨단 산업은 반도체, 항공 산업, 통신 위성, 컴퓨터, 휴대 전화 등 최첨단 기술이 필요한 공업을 가리키지. 첨단 산업뿐만 아니라 산업의 각 분야에서 자동 설비 기계, 로봇 등을 활용하여 생산량을 크게 늘리고 각

산업을 발달시키고 있단다.

1차 산업, 2차 산업, 3차 산업

우리나라는 1차 산업에서 2차 산업으로, 그리고 다시 3차 산업으로 차례로 발달해 왔어. 그럼 1차, 2차, 3차 산업이 각각 무엇인지 알아볼까?

- 1차 산업: 자연에서 자원을 얻는 산업이야. 따라서 그 지역의 지형, 기후 등 자연 환경의 영향을 크게 받지. 땅에서 농사를 짓는 농업, 삼림을 관리하고 운영하는 임업, 가축을 기르고 경영하는 목축업, 바다에서 수산물을 얻는 어업 등이 1차 산업에 속한단다.
- 2차 산업: 자연에서 얻은 자원을 이용해 생활에 필요한 물건을 얻는 산업이야. 자연에서 얻은 생산물로 상품을 만들어 내는 공업, 항구, 도로, 주택 등을 짓는 건설업 등이 2차 산업이지.
- 3차 산업: 사람들의 생활을 편리하게 도와주는 산업으로, 서비스 산업이라고도 해. 물건을 파는 상업, 여행객들을 상대로 한 관광업, 돈을 저금하거나 빌리는 금융업, 사람이나 물건을 옮겨 주는 운송업, 각종 서비스업 등이 3차 산업에 속한단다.

2차 산업과 3차 산업을 발달시키기 위해서는 많은 노동력과 넓은 소비 시장이 필요해. 그래서 2차, 3차 산업이 발달하면 그 지역의 도시 수와 도시 인구가 늘어나게 된단다.

4. 우리나라의 지역별 산업 발달

우리나라는 지역별로 각각 다른 산업이 발달해 왔어.

먼저 서울을 둘러싼 수도권은 교통이 편리하고 사람들이 많이 모여 살기 때문에 각종 공업, 첨단 산업, 서비스업이 고루 발달했어. 이곳은 우리나라에서 가장 큰 산업 중심지야.

호남 지방은 금강의 남쪽, 즉 전라도를 가리키는데, 따뜻한 기후와 기름진 평야가 있어 우리나라에서 가장 넓은 벼농사 지역을 이루고 있어. 요즘에는 교통이 발달해서 광주와 목포 지역에서 공업이 더욱 발달할 것으로 기대되고 있단다.

영동 지방은 대관령의 동쪽, 즉 강원도를 가리켜. 산지가 많아 교통이 불편한 곳이라 산업이 발달하기 어려운 곳이야. 하지만 영월, 삼척 등에는 석회석이 많이 나기 때문에 시멘트 공업이 발달했어. 또, 여름의 서늘한 기후를 이용한 고랭지 농업도 발달했지. 그리고 맑은 물과 아름다운 산 등 빼어난 자연 경치를 이용한 관광 산업도 발달했단다.

영남 지방은 조령, 죽령, 추풍령 등 고개의 남쪽, 즉 경상도를 가리켜. 이곳은 해상 교통이 발달했고 사람들도 많이 살기 때문에, 부산을 중심으로 한 해안 지역에 중화학 공업 지역이 매우 발달했어. 대구를 중심으로 한 내륙 지역은 섬유 및 전자 산업 단지야.

낙동강 하류의 김해 평야는 따뜻한 날씨 덕분에 원예 농업도 발달했어. 낙동강 중·상류 지역은 여름에 기온이 매우 높고 강수량이 적어

사과, 포도 등의 과일이 많이 열린단다.

충청 지방은 예로부터 농업이 주요 산업이었지만, 중국과 교역이 늘어나면서 서해안 쪽이 대규모 공업 단지로 성장하고 있어.

제주도는 우리나라의 다른 지역과 다른 자연 경관과 날씨를 가진 곳이라 관광 산업이 발달했어. 또한 제주도 중심에 있는 한라산 산지의 평평한 곳에는 목축업이 발달했어.

"사람은 서울로 보내고 말은 제주로 보내라."는 옛말을 들어 봤니? 그런 말이 있을 정도로, 예부터 제주는 목축업에 좋은 환경으로 알려졌단다. 그리고 제주도는 겨울에도 따뜻해서 주민들이 귤 농사를 많이 짓고 있지.

5. 공업의 발달과 공업화의 문제

공업은 가내 수공업에서 공장제 수공업으로, 산업 혁명 시기를 거치며 공장제 기계 공업으로, 그리고 첨단 공업으로 차차 발달해 왔어.

공업 발달은 다른 산업에도 큰 영향을 미치기 때문에, 개발도상국들은 경제개발을 위한 공업화를 첫 번째 목표로 삼는단다. 이를 통해 인구가 증가하고 서비스업과 도시가 발달하면 대도시로 성장하지만, 과밀화와 환경 오염 등 사회 문제도 생기지.

우리나라 공업 발달에 대해 살펴볼까? 우선 일제 강점기로 거슬러 올라가 살펴보면, 대도시를 중심으로 식품, 섬유 공업 등 소비재 경공업이 발달했어. 그러다가 1970년대에는 석유 화학, 철강, 기계, 자동차, 조선 등 중화학 공업 육성 정책과 수출 진흥 정책으로 남동 임해 공업 지역이 형성되었단다.

1980년대 이후로는 컴퓨터나 반도체 등 뛰어난 기술과 지식이 필요한 첨단 산업이 발달했어. 그리고 공업 지역의 지방 분산 촉진 정책으로 경기도의 공업 비중이 크게 높아졌단다.

우리나라는 광복 전에는 관서, 관북 지방 중심으로 공업이 발달했어. 관서는 철령관의 서쪽으로 평안도를, 관북은 철령관의 북쪽으로 함경도를 가리켜.

하지만 현재 우리나라 공업은 수도권과 남동 임해 지역 중심으로 발달해 있어. 가공업이 발달한 우리나라는 해외 수입에 크게 의존하여 원료를 사용하기 때문에 교통이 좋은 임해 공업 지역이 발달한 거야. 그리고 우리나라에는 숙련된 노동력을 가진 인적 자원이 풍부하기 때문에 기술 집약적인 공업이 발달했단다.

공업화가 경제 발달을 이끌긴 했지만, 그만큼 많은 문제도 낳았어. 도시와 농촌, 공업 도시와 비공업 도시, 수도권과 다른 지역 사이의 격차가 갈수록 심해지고 있거든. 그래서 지역별로 균형 있는 발전을 이루기 위해 산업 시설을 분산하고 다시 배치하는 것이 필요해.

또한 공업화는 많은 자원을 필요로 하기 때문에 지금까지 쓰던 에너지를 대신할 만한 새로운 에너지를 개발하고 자원 절약형 산업을 발달시켜야 한다는 숙제도 우리에게 안겨 주었지.

　무엇보다 물, 대기, 토양 등의 오염 문제, 쓰레기와 공장 폐수, 진동과 소음 문제 등 환경 문제가 심각해. 이것은 사람들의 건강과 생명을 위협하고 지구 환경을 파괴하고 있어. 그래서 오염 물질 배출을 최소화하고 폐수 정화 처리 시설을 짓는 등 여러 가지 노력을 기울이고 있단다.

　환경 문제는 국제 사회가 협력하여 함께 풀어 나가야 해. 서유럽의

오염 물질이 북유럽에 피해를 주고, 중국의 공업화가 우리나라에서 산성비를 증가시키고 황해를 오염시키는 등 공업화는 이웃 나라에, 나아가 전 지구에 영향을 미치기 때문이야.

그래서 국제 사회는 각종 환경 협약을 맺고 국가 간 환경 정보를 나누는 등 함께 노력하고 있단다.

공업의 입지 조건

공업이 발달하려면, 공장을 건설하는 데 필요한 조건들을 갖추어야 해. 이것을 입지 조건이라고 하는데, 자연적 조건과 사회적 조건으로 나누어 볼 수 있어.

자연적 조건에는 기후·지형·동력·원료 등이, 사회적 조건에는 자본·소비 시장·노동력·교통·기술·정책 등이 있지. 각 공업의 특성에 따라 입지 조건에 차이가 생겨났단다.

1. 원료 지향성 공업: 제조 과정에서 무게나 부피가 감소하는 공업은 원료 산지에 위치하는 게 편리하겠지? 통조림, 시멘트, 목재 공업 등이 그렇단다.
2. 노동력 지향성 공업: 사람의 일손, 즉 노동력이 많이 필요한 공업으로 섬유, 가구, 전자 공업 등이 있어.
3. 시장 지향성 공업: 물처럼 어디서나 쉽게 구할 수 있는 원료의 비중이 높아서 제조 과정에서 무게나 부피가 크게 증가하는 공업은

시장 가까이 위치해야 유리해. 원료 지향성 공업과 반대라고 할 수 있지. 상하기 쉬운 식품 공업이나 마지막 공정에서 무게가 급증하는 음료 공업 등이 있단다.

4. 동력 지향성 공업: 제조 과정에서 동력 소비가 많은 공업으로 제련, 화학 비료 공업 등이 이에 속해.

5. 집적 지향성 공업: 원료, 동력, 부품, 완제품 등 생산 과정이 서로 연관된 공장끼리 모여 있으면 이익이 큰 공업이야. 석유 화학, 기계, 자동차 공업 등이 있지.

6. 입지 자유형 공업: 다른 입지 요건에 비해서 부가가치가 큰 공업

은 입지 조건에 크게 얽매이지 않고 어디서나 자유롭게 생산 활동을 할 수 있어. 정밀 전자, 정밀 기계, 반도체 공업 등이 그렇단다.

공업 지역의 형성

공업 지역은 어떻게 생겨나는 걸까? 공업의 입지 조건 가운데 집적 지향성 공업이 있다고 했지? 공장이 제각각 따로 있는 것보다 가까이 모여 있을 때 이익이 있는 공업 말이야.

예를 들면, 제철 공업은 철광석을 원료로 하고, 제강 공업은 제철 공업의 제품을 원료로 하고, 기계 공업은 제강 공업의 제품을 원료로 해. 따라서 이들 세 가지 공업은 같은 곳에서 생산하면 원료를 얻고 제품을 파는 데 서로 이익이 된단다.

하지만 공업 시설들이 너무 모여 있으면 교통 혼잡, 용지와 용수 부족, 땅값 상승, 공해 등 문제가 생기기도 해. 이런 문제를 해결하기 위한 비용이 많이 들어 불이익이 커지게 되면 공장들을 분산시키게 돼. 그래서 가까운 지역으로, 또는 먼 거리까지 공장을 분산시켜 새로운 공업 지역을 형성하게 된단다.

그뿐만 아니라 정부 차원에서도 공업 지역이 너무 모여 있어서 생기는 환경 오염 문제를 해결하기 위해 노력하고 있어. 공장이 지나치게 많이 모여 있는 지역에는 규제를 강화하고, 반대로 공업 발달이 뒤떨

▲주요 공업 지역의 분포와 특징

어진 지역에는 세금을 깎아 주거나 자금을 지원하는 등의 혜택을 주는 거야. 이런 식으로 서울, 인천 등에 있던 공업 지역을 안산, 시흥, 화성 등으로 이전시켰단다.

공업 지역은 새로운 동력 자원의 개발과 교통 발달에 따라 변화해 왔어. 산업 혁명 때는 석탄이 공업의 주원료였기 때문에 광산 부근에 공업 지역이 형성됐지. 우리나라는 공업 발달 초기에 원료, 동력, 노동력 구입에 유리한 내륙 지방이나 도시 근처에 공업 지역이 만들어졌어.

그러다가 점점 해상 교통이 발달하고 석탄보다는 석유와 천연 가스를 많이 쓰게 되면서 원료 수입과 제품 수출에 유리한 해안 지역으로 공업 지역이 이동하고 있단다. 그리고 반도체 등 첨단 산업의 경우에는 대개 전문 기술 인력이 많고 정보 통신 시설이 발달한 대도시와 그 부근에 공장이나 시설이 입지하고 있어.

우리나라의 공업 지역

그럼 우리나라의 주요 공업 지역을 알아볼까?

먼저 서울을 둘러싼 수도권 공업 지역이 있어. 일할 사람이 많고 물건을 팔 사람도 많으니, 즉 노동력과 소비 시장이 다 풍부하기 때문에 공업 지역이 발달하기 좋은 곳이지. 게다가 교통도 편리하고 자본, 기술, 금융, 정보 획득 등 많은 점에서 유리하기 때문에 우리나라 최대의 공업 지역이 발달했단다.

 이러한 수도권과 가까운 충청 공업 지역은 수도권 공업을 받아들여 공업 지대가 발달했어. 특히 서해안은 중화학 공업 발달로 공업의 비중이 커졌단다.

 태백산 공업 지역은 석회석 등 지하자원이 풍부해서 시멘트 공업이 발달했고, 그 아래로 이어지는 영남 내륙 공업 지역은 노동력이 풍부해서 오랜 전통을 지닌 섬유, 전자 공업이 발달했지.

 남동 임해 공업 지역에는 수출과 수입에 유리한 항만이 많아 우리나

라에서 가장 큰 중화학 공업 지역을 이루고 있단다.

호남 공업 지역은 노동력뿐만 아니라 농산 자원이 풍부하고 중국과의 교역으로 발전이 기대되는 곳이야.

공업의 분류

1. 경공업

인쇄, 완구, 섬유, 시멘트, 비료, 식품 등을 만들어 내는 공업이야. 섬유 공업은 목화, 삼, 누에고치, 양털 등에서 실을 뽑아내고 옷감을 짜는 공업으로 시작해서, 현재는 나일론 등 화학 섬유를 포함한 여러 가지 옷감을 만들어 내고 있지.

밀가루, 설탕, 과자, 통조림 등을 만드는 식품 공업도 경공업에 속하는데, 우리나라에서는 부산, 인천 등 항구 도시에서 발전했단다.

2. 금속 공업

광석으로부터 철, 알루미늄, 구리 등을 뽑아내는 제철, 제련, 제강 등의 공업을 말해. 이런 금속들이 여러 가지 기계의 재료가 되기 때문에, 금속 공업은 모든 공업의 기초가 된단다.

3. 기계 공업

여러 가지 생산 기계, 방직 기계를 비롯해 사진기, 자동차, 선박 등을 만드는 공업까지 아우른단다.

4. 전자 공업

라디오, 텔레비전, 냉장고, 전자 레인지 등 우리 생활에 필요한 대부분의 가전 제품을 생산하는 공업이야.

5. 화학 공업

석탄, 석유, 석회석 등을 원료로 비료, 약품, 합성수지, 비누, 페인트 등을 만들어 내는 공업이야. 원료에 화학적인 변화를 일으켜 제품을 만들기 때문에 화학 공업이라고 하지.

6. 첨단 산업

반도체, 컴퓨터, 휴대용 전화기, 통신 위성 등 매우 높은 기술이 바탕이 되는 공업이야. 우리나라의 반도체 공업은 세계에서도 손꼽히는 기술을 갖고 있어.

[한 뼘 지식]
첨단 산업의 중심지, 테헤란밸리

'테헤란로'라는 도로 이름 들어 본 적 있니? 얼핏 듣기에 우리나라 지명 같지 않지? 하지만 분명히 서울 강남에 있는 도로 이름이란다. 우리나라 거리에 왜 이렇게 낯선 이름을 붙였을까?

경제가 빠르게 성장하고 있던 1970년대 중반, 우리나라는 1차 석유 파동을 겪으면서 크게 휘청거렸어. 이때 석유 산지국인 중동 국가들과 가깝게 지내면서 협력 관계를 유지해야만 했지. 그래서 서울시는 1977년 6월 이란의 테헤란시와 자매 결연을 맺었어.

이를 기념하기 위해 서울을 방문한 테헤란 시장이 양 도시의 도로 이름을 맞바꾸자고 의견을 내놓았어. 서울시도 이 의견을 받아들여, 그때까지 '삼릉로'라고 불리던 거리 이름을 '테헤란로'라고 바꾼 거야. 구획으로 보자면, 강남구 역삼동 강남대로부터 잠실동 삼성교까지 폭 50미터, 총 길이 4킬로미터의 도로이지.

이곳 테헤란로 주변에는 반도체, 컴퓨터, 통신 기기, 전자 등 첨단 산업 관련 회사들이 많아서, '실리콘밸리'에서 본따 '테헤란밸리'라고도 부른단다.

실리콘밸리는 미국 캘리포니아 주 샌프란시스코 만 지역 남부를 가리키는 말인데, 실리콘 칩 제조 회사를 비롯해 구글, 애플 등 온갖 종류의 첨단 기술 회사들이 모여 있어. 그래서 실리콘밸리처럼 특별한 명성을 갖고 싶어 하는 첨단 도시들이 비슷한 이름을 붙이기도 했단다. 바로 서울의 테헤란밸리나 뉴욕의 실리콘앨리처럼 말이야.

[한 뼘 지식]
세계의 주요 공업 지역

1. 서부 유럽 공업 지역

영국, 독일, 프랑스, 베네룩스 3국 등 서유럽 공업 지역은 근대 공업의 발상지야. 초기에는 석탄 산지 중심이었지만 최근에는 대도시 주위와 해안 지대로 이동했어. 오랜 역사와 전통을 자랑하며 기술, 자본, 소비 시장 등 여러 면에서 유리한 점이 많아. 하지만 기계 설비가 오래되고 노동력이 비싸며 미국과 일본 등 신흥 공업국과의 경쟁 등 문제점도 있지. 그래서 기술 개발, 첨단 고급 제품 생산, 유럽 연합을 중심으로 한 시장 단일화를 꾀하는 등 여러 가지 대책을 마련하고 있단다.

2. 북아메리카 공업 지역

미국과 캐나다에 있는 북아메리카 공업 지역은 세계 최대의 공업 지역이야. 북아메리카 자유무역협정(NAFTA)을 만들어 공업 발전을 위해 노력하고 있지. 20세기 초 북아메리카 공업 지역은 풍부한 원료와 동력 자원, 자본과 기술 등에 힘입어 크게 발달했으나 오

▲세계의 주요 공업 지역

늘날에는 임금 상승, 환경 오염 문제, 개발도상국과의 경쟁으로 인한 섬유, 제철 공업 쇠퇴 등 변화를 겪고 있어. 그래도 항공기, 컴퓨터, 반도체 등 첨단 산업을 꾸준히 발달시키고 있지.

3. 아시아 공업 지역

우리나라, 일본, 중국, 타이완, 인도, 동남 아시아 국가 등이 속한 아시아 공업 지역은 풍부한 자원, 값싼 노동력, 넓은 소비 시장을 바탕으로 1940년대 이후 급성장을 보여 왔어. 경공업에서 첨단 공업까지 다양하게 발달하고 있단다.

4. 독립 국가 연합 공업 지역

러시아와 주변 국가들이 속한 독립 국가 연합 공업 지역은 콤비나트를 중심으로 석유 화학 및 제철 공업을 발달시키고 있어. 콤비나트란 러시아어로 '결합'을 뜻하는데, 기술적으로 연관 있는 여러 종류의 공장이나 기업을 한 지역에 모아서 이룬 기업 결합을 말해. 생산 과정에는 철강 제품이나 섬유 제품처럼 원료로부터 차례로 가공해서 제품을 만들어 내는 단계 생산과 기계, 선박, 자동차 등 여러 가지 부분 생산품을 짜맞추어 완성품을 만들어 내는 조립 생산이 있어. 이러한 생산 과정을 각각 다른 공장이나 기업이 분담하는데, 이를 사회적 분업이라고 하지. 콤비나트는 이런 사회적 분업이 효율적으로 이루어지도록 관계 있는 공장이나 기업을 한데 모아 놓은 거야.

5장

우리나라 인문 지리 II
-인구와 도시

드디어 우리 삼촌이 결혼한대.

동굴 데이트도 좋다고 하던 마음씨 착한 여자 친구가 삼촌의 청혼을 받아 줬다는 거야.

이제 더 이상 삼촌과 같이 살 수 없는 게 슬프지만, 삼촌이 아기를 낳으면 나도 사촌동생이 생긴다고!

"삼촌, 아기 많이 낳으세요! 제가 잘 놀아 줄게요."

"뭐라고? 이제 결혼하려는 삼촌에게 벌써부터 무슨 아기 타령이야."

엄마가 나에게 핀잔을 주자, 삼촌이 웃으며 말했어.

"하하, 괜찮아요. 저출산 고령화가 심각해지는 우리나라의 인구 문제를 생각하면, 저부터라도 노력해야죠!"

삼촌 말을 듣고 모두들 웃음을 터뜨렸단다.

1. 인구 구조 유형

인구의 구조, 즉 인구의 연령별, 성별 분포를 나타내는 것을 인구 피라미드라고 해.

그것을 그래프로 나타낸 형태에 따라 피라미드형, 종형, 방추형, 별형, 표주박형 등으로 나눌 수 있어.

1. 피라미드형: 예전에 가장 일반적인 형태는 피라미드형이었어. 개발 도상국에서도 많이 나타나는 유형이야.

    다산다사(출산율 높고 사망률 높음.), 다산소사(출산율 높고 사망률 적음.) 유형으로 어린이나 청소년층이 많으며 인구가 늘어나는 형태야. 출산율이 낮아지면 밑변이 좁아지게 된단다.

    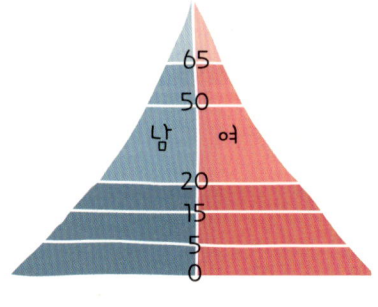
    ▲피라미드형

2. 종형: 이것은 선진국에서 많이 나타나는 형태야. 소산소사(출산율 낮고 사망률 낮음.) 유형으로 노년층이 많아. 따라서 노인 문제와 노동력 부족 문제가 나타나지.

    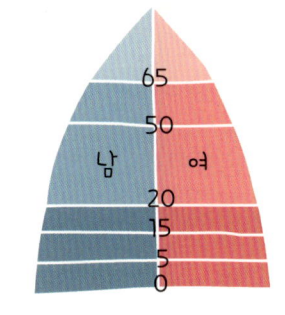
    ▲종형

3. 방추형: 유럽의 일부 선진국에서 나타나는 형태로, 사망률보다 출산율이 낮아서 전체 인구가 줄어드는 유형이야.

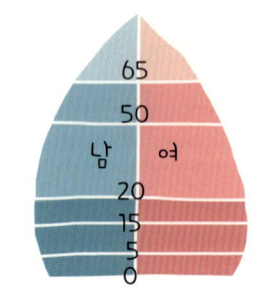
▲방추형

4. 별형: 청장년층이 많이 들어오는 대도시나 새로 생긴 지역에서 나타나는 형태야. 새로 이사 들어오는 사람이 많기 때문에 전입형, 또는 도시형이라고도 하지. 인구가 늘어나기 때문에 각종 도시 문제가 나타나기도 한단다.

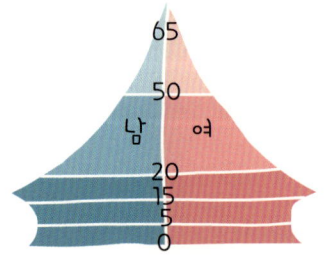
▲별형

5. 표주박형: 별형과 반대로 청장년층이 많이 떠나는 농어촌 지역의 유형이야. 이사 나가는 사람이 많기 때문에 전출형, 또는 농촌형이라고도 해. 노동력 부족이 큰 문제로 나타난단다.

이 유형들 가운데 피라미드형, 종형, 방추형은 인구의 자연적인 증가

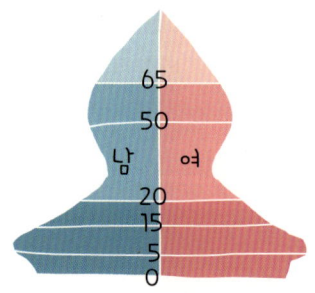
▲표주박형

와 감소를 잘 보여 준단다. 즉, 사람들이 얼마나 태어나고 얼마나 죽었는지를 보여 주는 거야.

한편 표주박형과 별형은 산업화와 도시화로 인구가 어떻게 이동했는지를 보여 준단다. 즉, 얼마나 많은 사람이 태어나고 죽었는지가 아니라 사람이 얼마나 떠나고 들어왔는지를 보여 주는 거야.

우리나라의 경우, 전체적으로는 피라미드형에서 종형으로 바뀌었어. 즉 어린이와 청소년층은 줄어들고 중년층과 노년층은 늘어나고 있지.

지역적으로 살펴보면 도시는 별형, 농촌은 표주박형이야. 젊은이들이 점점 농어촌을 떠나 도시로 향하기 때문인데, 이런 현상을 가리켜 '이촌향도 현상'이라고 한단다.

2. 우리나라 인구 분포와 인구의 이동

우리나라는 산업화가 일어나기 전까지만 해도 남서부 평야 지대에는 인구가 많고 북동부 산간 지역에는 인구가 적었어. 험한 산골보다는 사람들이 모여 살기 좋은 평야에 인구가 모이는 건 당연한 현상이니까 말이야. 그러다가 산업화와 도시화가 이루어지면서, 대도시 지역에서는 인구가 늘어나는 현상이 일어나는 반면 농어촌 지역에서는 인구 부족 현상이 일어나고 있어.

이러한 인구 이동은 왜 일어나는 걸까? 어느 지역에서 인구가 빠져

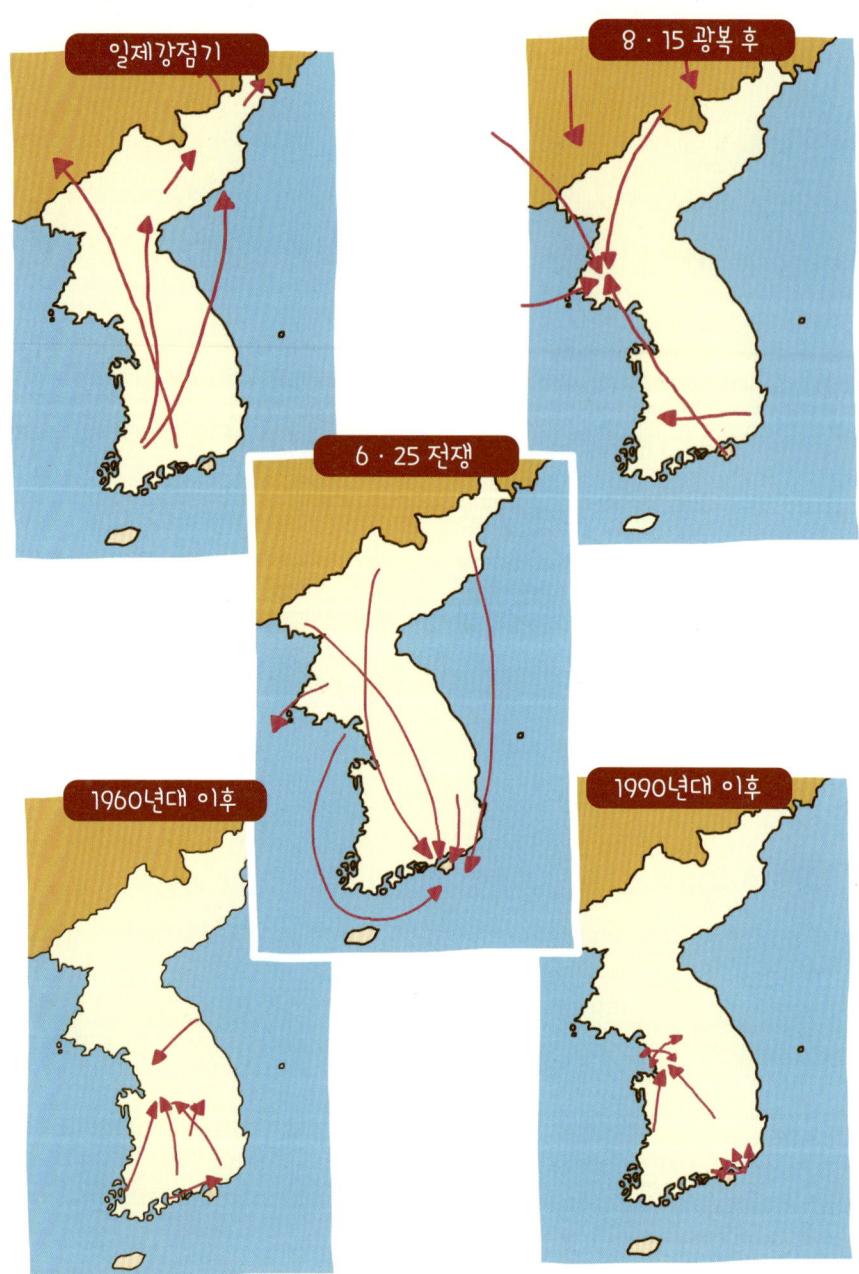

▲ 우리나라 인구 이동

나가게 하는 요인을 '배출 요인', 어느 지역으로 인구가 들어오게 하는 요인을 '흡인 요인'이라고 해.

어느 지역을 떠나고 싶게 만드는 배출 요인에는 무엇이 있을까? 살 만한 집이 없고 지역 환경이 좋지 않을 때, 힘든 일을 아무리 열심히 해도 적당한 벌이가 없을 때, 아예 일자리가 없을 때, 위험한 지역일 때……. 사람들은 그 지역을 떠나게 되지.

반대로 사람들이 그 지역으로 모여들게 만드는 흡인 요인으로는 무엇이 있을까? 배출 요인과 반대되는 상황이면 사람들이 저절로 모여들겠지? 살기 좋은 집과 쾌적한 마을 환경, 좋은 일자리, 돈을 더 많이 벌 수 있는 기회, 안전한 환경, 좋은 학교……. 이런 상황이면 사람들이 모여들어 인구가 늘게 되는 거야.

그럼 우리나라의 인구는 어떻게 이동했는지 살펴볼까?

먼저 일제 강점기에는 북부 지방에 광공업이 발달하여 남부에서 북부로 인구가 이동했어. 일본이 전쟁에 필요한 물자를 우리나라에서 얻으려고 북부의 공업 도시를 개발하기 시작했기 때문이야.

일본은 우리나라에서 토지 조사 사업도 벌였는데, 이때 땅을 빼앗긴 농민들이 많아. 농민들은 농사짓느라 바빠서 신고할 시간도 없는 데다 원래부터 자기 땅이니 굳이 신고를 하지 않았거든. 이 때문에 억울하게 땅을 뺏긴 농민들은 새로운 땅을 찾아 일구기 위해 북부나 간도 지역으로 많이 이동했어.

그러다가 1960년대 산업화 시기가 열리면서, 공장의 일자리를 찾아 농촌에서 도시로 인구가 이동했어. 수도권의 위성 도시와 울산, 포항 등 새로운 공업 도시의 인구가 빠르게 성장했지.

그리고 1990년대 이후로는 대도시의 지나친 인구 집중 현상 때문에 주변 지역으로 인구가 이동하는 교외화 현상이 나타났단다. 서울 외곽에 일산, 분당, 평촌 등 여러 신도시가 생긴 것도 이 때문이지.

지역별 인구 유형

1. 도시형: 이촌향도 현상으로, 도시에는 한창 활동할 나이의 청장년층 비율이 높아. 출산 연령인 청장년층이 많으니, 자연히 어린이 비율도 높단다.

2. 촌락형: 청장년층이 도시로 떠나고 나니 시골 마을에는 노인 비율이 높아. 출산 연령 인구가 낮기 때문에 자연히 어린이 비율도 낮을 수밖에 없지. 게다가 결혼할 나이의 청년층에 남자들만 많은 것도 큰 문제란다. 시골에서 살고 싶어 하는 젊은 여성들이 적다 보니, '농촌 총각 장가 보내기 운동'을 벌일 정도로 성비가 맞지 않아.

3. 중화학 공업 도시형: 청장년층의 비율이 높은 도시형 인구 구조 중에서도 특히 여성보다 남성 비율이 훨씬 높아. 중화학 공업에는 거의 다 남성 노동력이 필요하기 때문이야.

4. 경공업 도시형: 경공업에는 젊은 여성의 노동력이 필요하지. 그

래서 경공업이 발달한 도시에서는 청장년층 중에서도 20대 안팎의 젊은 여성의 비율이 높은 인구 구조를 갖게 된단다.

3. 인구의 성별 구조

성비란 여자 100명에 대한 남자의 수를 가리켜. 그러니까 남자가 많은 경우 성비가 높아지는데 이를 남초라고 하고, 반대로 여자가 많은 경우에는 성비가 낮아지는데 이를 여초라고 해. 출생 시에는 남초 현상이 나타나지만, 노년층으로 갈수록 여자가 많아 여초 현상이 나타나게 돼. 여자의 평균 수명이 남자보다 높기 때문이지.

현재 우리나라는 성비가 맞지 않아 큰 문제가 되고 있어. 자녀는 하나 혹은 둘로 적게 낳으면서 되도록 아들을 낳으려고 하다 보니 생긴 문제야. 1980년 전까지는 성비가 100이 안 되어, 결혼할 나이의 남녀를 비교해 봐도 여자 인구가 더 많았어. 그러다가 1985~1995년에는 다행히 결혼할 나이의 남녀 인구가 균형을 이루었지.

하지만 2000년 이후에는 거꾸로 남자의 성비가 매우 높아져서, 결혼할 나이의 남자 인구가 여자보다 훨씬 많아. 그래서 남자들이 외국인 여자와 결혼하는 등 결혼 형태가 조금씩 바뀌고 있단다.

지역별로 살펴보면 중공업 도시, 군사 지역, 광산 지역, 신개척지 등에서 남초 현상이 나타나. 그리고 대도시, 경공업 도시, 관광 지역, 섬 지역 등에서는 여초 현상이 나타난단다.

광복 전에는 평균 수명이 남자 45세, 여자 49세로 지금과 비교하면 매우 짧았는데, 1990년대 중반에 이미 남자 69세, 여자 75세가 될 만큼 평균 수명은 계속 길어지고 있어. 이것은 우리나라가 잘살게 되어 영양 및 건강 상태가 좋아지고, 의학 발달로 예전에는 못 고치던 병도 치료하는 경우가 많기 때문이야.

그런데 이런 성비나 평균 수명의 변화를 어떻게 아느냐고? 바로 인구 조사 덕분이지. 우리나라에서 처음으로 근대적인 인구 조사를 한 것은 1925년이야. 그 뒤 10년마다 인구 조사를 하고, 그 사이 5년마다 좀 더 간단한 간이 인구 조사를 해. 인구 조사 결과를 살펴보면 여러 가지를 알 수 있어.

우리나라는 도시 인구가 증가하고 노령화가 심해지면서 핵가족화, 남초 현상 등이 두드러지는 것도 알 수 있지.

4. 도시화 과정과 도시 문제

도시 수와 도시 인구가 늘어나고 도시적 생활 양식이 널리 퍼지는 것을 도시화라고 해.

우리나라는 1960년대 이전까지만 해도 대부분의 인구가 시골 마을에 살며 1차 산업에 몸담고 있었어. 즉, 농업 중심의 전통 사회로 도시 인구 비율이 낮았지.

그러다가 1960년대 중반에 공업이 발달하면서 이촌 향도 현상으로 도시 인구가 크게 늘었어. 1970년대에는 산업 단지를 지어 공업 도시가 더욱 커지면서, 도시에 사는 인구가 전체 인구의 반을 넘게 됐단다.

이제는 도시화율이 90퍼센트를 넘었기 때문에 예전처럼 빠르게 도시가 늘어나진 않아. 대신 도시가 너무 복잡해지는 바람에 사람들이 차차 교외로 이동하면서, 대도시권이 생겼지. 어떤 지역에서는 도시에서 사람들이 다시 떠나는 역도시화 현상도 나타나는데, 이것은 도시화의 마지막 단계에서 나타나는 현상이란다.

도시가 커지고 여러 가지 기능을 하게 되면, 도시 내부는 기능에 따라 나누게 돼. 우리가 사는 집이 침실, 거실, 화장실, 부엌 등 기능에 따라 나누는 것처럼 말이야.

도시는 업무 지역, 상업 지역, 공업 지역, 주거 지역 등으로 나눈단다. 이때 집심 현상과 이심 현상이 나타나는데, '집심 현상'이란 도심 쪽으로 주거·교육·공업 기능들이 집중하는 현상을 말해. 관공서, 기업의 본사, 은행 본점, 호텔, 백화점 등은 교통이 편리한 도심에 모여들거든.

반대로 '이심 현상'이란 도시 외곽 지역으로 주거·교육·공업 기능들이 분산되는 현상이야. 주택, 학교, 공장 등은 비싼 값을 치르며 꼭

도시 한가운데 있을 필요가 없기 때문에 외곽에 자리 잡는 거야. 그래서 도심의 낮에는 오가는 사람이 많지만 밤에는 사람이 없어. 사람들이 낮에는 고층 빌딩들이 모여 있는 도심에서 일을 하지만, 밤에는 주거 시설들이 모여 있는 외곽으로 빠져나가기 때문이야. 이처럼 밤에 도시가 비는 현상을 '인구 공동화 현상'이라고 한단다.

도시에 인구와 기능이 지나치게 집중되면 여러 가지 도시 문제가 나타나. 사람들이 살 집이나 공공 서비스 등 각종 시설이 부족하고, 교통량 증가로 차가 밀리고 주차 시설도 부족하고, 대도시와 다른 지역 사이에 차이가 생기면서 지역 사이에 좋지 않은 감정이나 갈등이 생기기도 해.

이러한 도시 문제의 대책으로는 어떤 것들이 있을까? 낡고 위험한 집들을 고치거나 새로 짓고, 버스나 지하철 등 대중교통 수단을 늘리고, 도로를 새로 내는 등 도시 곳곳을 손봐야겠지?

뿐만 아니라 도시화로 인한 환경 오염을 막기 위해 도시에도 숨통을 틔워 주는 숲이나 생태 하천을 만들기도 해. 또한 도시의 공장들에서 나오는 폐수를 잘 처리할 수 있도록 반드시 정화 처리 시설을 설치하도록 법으로 정하고, 이를 감시하기도 한단다.

가정이나 시설에서 쓰레기를 줄이고 분리 수거하는 것도 중요하지. 그리고 위성 도시나 신도시를 만들고, 지방 도시에 큰 공장이나 시설을 그곳으로 보내어 인구가 분산되도록 돕기도 해. 이처럼 여러 가지

방법으로 도시화 문제를 해결하기 위해 노력하고 있단다.

5. 인구 표어와 포스터의 변화

인구 표어와 포스터를 살펴보면 우리나라 인구 정책의 변화를 한눈에 알 수 있어.

60년대에는 식량 부족 등을 이유로 자녀를 적게 낳으라는 가족 계획 표어와 포스터가 주를 이루었지. 내용도 아이를 많이 낳으면 거지 꼴이 된다는 등 매우 직접적이야.

70년대에는 아예 자녀의 수를 '둘'로 정해 주는 표어가 주를 이루고 있어. '둘만 낳아 잘 기르자'는 표어가 그것이지. 그때 당시 가장 유명한 스포츠 스타였던 차범근 선수를 내세워, 딸을 하나 가진 차범근 선수 부부가 '하나만 더 낳고 그만두겠다'는 포스터를 만들기도 했지.

그러나 사실 차범근 선수는 포스터 내용과는 달리 그 뒤로 아들 둘

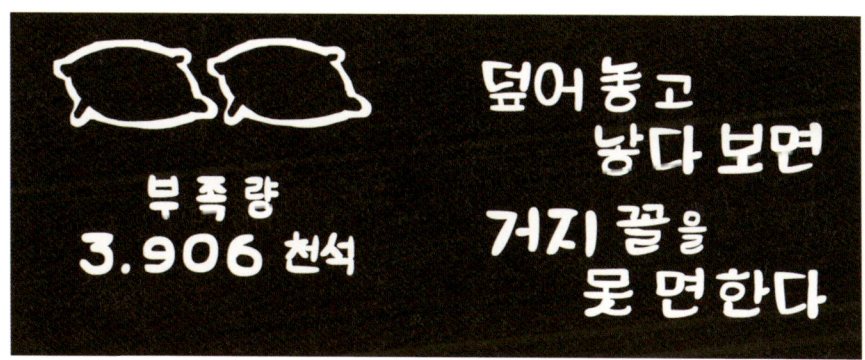

▲1960년대

▲1970년대

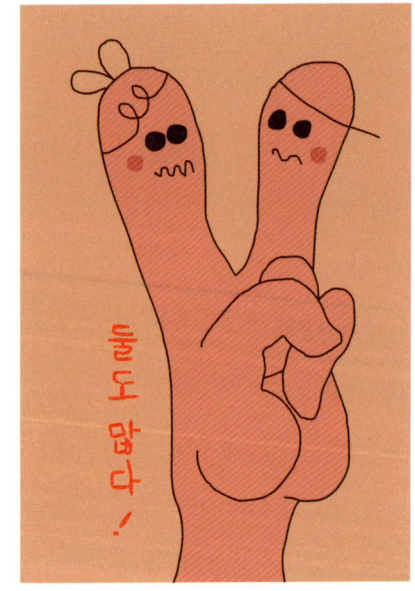
▲1980년대

을 더 낳아, 세 자녀를 두었단다.

80년대로 오면 가족 계획 캠페인에서 권하는 자녀 수는 더 적어져서 '둘도 많다', '한 가정 한 아이' 등 자녀를 하나만 낳으라는 내용이야.

포스터를 봐도 집이 터져 나가고 삼천리는 옥수수알처럼 다닥다닥 붙은 사람들로 초만원이라는 등의 내용으로 인구 증가에 대한 공포감마저 느껴질 정도야.

그러다가 90년대에 오면 내용이 조금 바뀌는데, 인구 수보다 성비 불균형을 더 걱정하고 있어. 남아 선호 사상으로 여자가 모자라게 된 거지. 여자 짝꿍을 바라는 남자 아이의 일기를 보면 웃음이 나오지만,

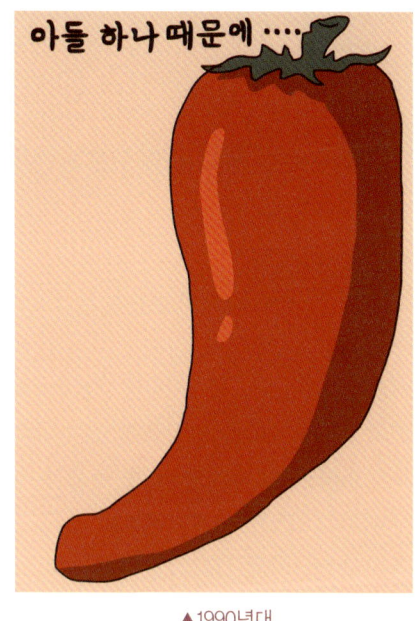
▲1990년대

▲2000년대

생각해 보면 웃지 못할 일이지.

2000년대로 오면 내용은 완전히 뒤바뀌어, 자녀를 적게 낳는 것이 아니라 오히려 자녀를 많이 낳을 것을 권하고 있어. 하나보다는 둘, 둘보다는 셋이 행복하다며, 자녀를 많이 낳을수록 좋다는 내용을 담고 있지.

이러한 가족 계획이나 인구 문제는 하루아침에 해결되는 것이 아니므로, 장기적인 가족 계획과 인구 문제 대책이 필요하단다.

[한 뼘 지식]
우리나라의 저출산 고령화 대책

우리나라는 노령화 지수가 계속 높아지고 있어. 노령화 지수란 유소년층에 대한 노년층의 비율을 표시한 거야.

$$\frac{65세 \ 이상}{0\sim14세} \times 100$$

노인 인구 비율이 7퍼센트 이상일 때 고령화 사회라고 하는데, 우리나라는 2000년에 노인 인구 비율이 7.2퍼센트가 되면서 이미 고령화 사회로 접어들었어. 2010년에 이미 노인 인구 비율이 10퍼센트를 넘었고, 2020년에는 15퍼센트를 넘었어. 이런 추세가 계속된다면 2030년에 25.5퍼센트, 2040년에 34.3퍼센트, 2050년에 40.1퍼센트, 2070년에는 46.4퍼센트로 노인 인구 비율은 가파르게 높아질 전망이야.

고령자 인구 비중 전망

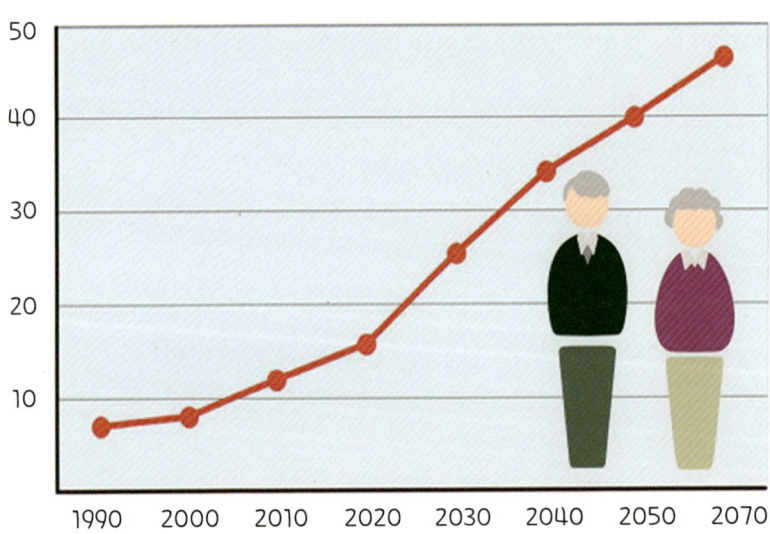

국제연합(UN)의 발표에 따르면 우리나라 출산율은 0.87명으로 최하위야. 세계 평균 출산율인 2.3명의 ⅓ 수준에 불과하지. 일본, 스페인, 이탈리아 등 다른 저출산 국가들도 1.3퍼센트의 출산율을 보이는 데 비해 우리나라는 유난히 낮은 출산율을 보이고 있어.

이렇게 출산율은 낮아지는데 노인 인구가 증가하면 경제 활동을 할 수 있는 인구의 비율이 줄어들겠지? 그럼 노동력은 부족하고, 노인 복지 등에 쓰이는 사회 보장 비용은 늘어나서 사회적으로 부담이 커져.

우리나라는 세계에서 고령화가 가장 빨리 진행 중인 나라로, 2050년이 되면 노인 인구 비율이 40.1퍼센트에 이르게 돼. 고령화 사회에 대비하기 위해서는 경제적인 문제뿐 아니라 노인들의 복지 향상을 위한 대책도 필요해. 그래서 우리나라는 저출산 고령화 대책에 고심하고 있단다.

저출산 문제를 해결하기 위해서는 아이를 낳고 기르는 데 어려움이 없도록 부모들을 도와주어야 해. 또한 아이를 안심하고 키울 수 있는 시설과 환경도 마련해 주어야 하지.

그래서 우리나라는 아이를 키우는 부모에게 육아 휴직 제도를 실시하고 있어. 2001년부터는 육아 휴직을 하는 사람에게 달마다 정해진 액수만큼 돈을 주면서 아버지들도 육아 휴직을 하기 시작했어. 육아 휴직 기간은 최대 1년인데, 자녀 1명 당 엄마 아빠가 각각 1년씩 휴직을 쓸 수 있어. 또한 육아 휴직 기간은 근속기간에도 포함된단다.

각 지방 자치 단체에서도 여러 가지 노력을 기울이고 있어. 예를 들면 서울시는 두 명 이상의 자녀를 둔 가정을 위해 다양한 혜택을 받을 수 있는 '다둥이 행복 카드'를 만들었어. 이 카드를 쓰면 물건을 사거나 시설을 이용할 때 할인을 받을 수 있지.

한편 고령화 문제를 해결하기 위해서 노인들도 할 일과 즐거움을 찾을 수 있도록 일자리를 마련하거나, 평생 교육 실시, 여가 시설 마련 등 여러 가지 대책을 만들어 내고 있어. 한창 일할 때와는 달리 노인들은 경제적으로 풍족하지 못한 경우가 많기 때문에, 교통비를 감면해 주고 의료비를 할인해 주는 등 경제적인 지원도 해 주고 있지. 무엇보다 노인에 대해 따뜻한 시선을 갖는 사회적인 분위기를 만드는 것도 중요하단다.

[한 뼘 지식]
외국의 저출산 고령화 대책

그럼 다른 나라는 저출산 고령화에 대한 어떤 대책을 마련하고 있나 살펴볼까?

노르웨이에서는 1986년 가족아동국 아래 남성역할위원회라는 기관을 만들었어. 대부분 남성들로 이루어진 이 위원회에서 파파쿼터제, 즉 아버지 휴가제라는 제도를 제안해 시작했단다. 아기를 낳으면 아버지도 4주 동안 월급을 받으면서 휴가를 갖는 거야.

2004년엔 아버지 휴가가 6주로 늘어났고, 다시 10주로 늘리는 계획을 검토하고 있어. 아버지가 아이를 기르기 위해 육아 휴직을 하는 경우도 무척 많아. 90퍼센트, 즉 10명 중 9명의 아버지가 육아 휴가를 쓰니까 말이야. 20~30대의 젊은 남성 중 20퍼센트는 아내와 양육을 반씩 분담하고 있단다.

이처럼 남편이 양육을 분담하는 정도는 바로 출산율과 연결돼. 그래서 한때 저출산 문

제로 어려움을 겪은 노르웨이는 이런 노력을 통해 출산율을 끌어올려 평균 1.8명의 높은 출산율을 보이고 있단다.

스웨덴에서는 아버지의 달, 가족 간호 휴가제, 성평등 보너스 등 어머니가 마음 편히 일할 수 있는 제도가 여러 개 마련되어 있어. 1974년에 이미 자녀를 낳고 월급을 받으면서 휴가를 쓸 수 있도록 '유급 부모 휴가제'를 시작했어. 이로써 스웨덴은 아버지도 자녀를 낳고 기르는 데 함께 하도록 유급 휴가를 쓸 수 있는 최초의 나라가 되었단다.

그리고 1995년에는 '아버지의 달' 제도를 만들었어. 스웨덴에서는 자녀를 낳기 60일 전부터 자녀가 8세가 될 때까지 부모가 480일의 휴가를 쓸 수 있어. 아버지가 적어도 두 달은 꼭 휴가를 쓰도록 하는 거지. 이것은 아빠 엄마가 함께 아이를 기르도록 돕는 제도야.

가족 간호 휴가제는 아픈 자녀를 돌볼 수 있는 휴가를 주는 거야. 아픈 자녀를 돌보면서 직장 생활을 하는 부모의 어려움을 줄이기 위한 제도란다.

그뿐만 아니라 스웨덴에는 '성평등 보너스'가 있어. 육아 휴가를 대개 여성이 더 많이 쓰는 이유는 남성의 임금이 더 높기 때문이야. 그래서 부모 가운데 임금이 더 많은 사람이 휴가를 쓰게 되면, 임금이 더 낮은 사람에게 다달이 돈을 주는 거야. 매월 약 3,000크로네, 그러니까 우리 돈으로 약 50만 원 정도를 준단다.

다른 유급 휴가비나 저소득층에 대한 부모 휴가비를 받아도, 그것과 상관없이 그냥 따로 주는 거야. 평소 돈을 많이 버는 사람도 육아 휴가를 내도록 도와주는 제도이지.

스웨덴은 남자와 여자가 얼마나 평등한지 나타내는 양성 평등 지수가 매우 높아. 여성 고용률도 80퍼센트나 될 정도로 여성들이 일하기 좋은 사회 환경이고, 그만큼 여성의 지위도 높단다.

이와 같이 노르웨이와 스웨덴은 해마다 '어머니가 되기 좋은 나라' 1, 2위를 다툴 정도로 어머니와 아이들이 살기 좋은 정책을 펼치고 있어.

우리나라는 160개의 조사국 가운데 48위 정도지만, 앞으로 더 좋은 정책을 개발하며 노력한다면 차츰 나아지겠지?

구석구석 우리나라 지리 여행

2023년 1월 10일 2판 1쇄 발행
2025년 12월 10일 2판 2쇄 발행

지은이 | 양승현
그린이 | 마이신
발행인 | 김경석
펴낸곳 | 아이앤북
편집자 | 우안숙 노연교
디자인 | 김정선
마케팅 | 남상희
주　소 | 서울시 성동구 천호대로 424(용답동)
연락처 | 02-2248-1555
팩　스 | 02-2243-3433
등　록 | 제4-449호

ISBN 979-11-5792-287-1 74080
ISBN 979-11-5792-009-9 (세트)

이 책에 실린 모든 내용, 디자인, 이미지, 편집 구성의 저작권은 아이앤북과 지은이에게 있습니다.
http://blog.naver.com/iandbook 아이앤북은 '나와 책' '아이와 책'이라는 뜻을 가지고 있습니다.